플래닛미디어의 〈세계의 전쟁〉 시리즈는 고대에서부터 현대까지 역사를 바꾼 세계 주요 전쟁과 전투, 그리고 무기를 비롯해 전쟁에 관련된 주제를 다룬 책들을 엄선하여 소개하는 시리즈입니다. 세계 최고의 군사 전문 출판사인 영국 OSPREY의 〈Campaign〉 시리즈를 시작으로, 전쟁과 군사에 관련된 각 분야의 바이블이라 할 수 있는 책들을 폭넓게 소개해나갈 것입니다. 이 시리즈의 기획과 출간에는 한국국방안보포럼(KODEF) 소속 분야별 전문가들이 함께 참여하고 있습니다.

한국국방안보포럼은 21세기 국방정론을 발전시키고 국가안보에 대한 미래 전략적 대안들을 제시하기 위해, 뜻있는 군·정치·언론·법조·경제·문화·매니아 집단이 만든 사단법인입니다. 온-오프 라인을 통해 국방정책을 논의하고, 국방정책에 관한 조사·연구·자문·지원 활동을 하고 있으며, 국방 관련 단체 및 기관과 공조하여 국방교육 자료를 개발하고 안보의식을 고양하는 사업을 하고 있습니다. http://www.kodef.net

# 칸나이 BC 216

Campaign 36 : Cannae 216 BC

First published in Great Britain in 1994, by Osprey Publishing Ltd.,
Midland House, West Way, Botley, Oxford, OX2 0PH.
All rights reserved.
Korean language translation ⓒ 2007 Planet Media Publishing Co.

이 책의 한국어판 저작권은 대니홍 에이전시를 통한 저작권자와의 독점 계약으로
도서출판 플래닛미디어에 있습니다. 신저작권법에 의해 한국 내에서 보호를 받는 저작물이므로
무단 전재와 복제를 금합니다.

세계의 전쟁 ❹

# 칸나이 BC 216

카르타고의 명장 한니발, 로마군을 격멸하다

마크 힐리 지음 | 정은비 옮김 | 한국국방안보포럼 감수

| 감수의 글 |

인류 역사에는 수많은 군사 천재들과 전쟁 영웅들의 이름이 명멸하고 있다. 그 가운데서도 한니발의 명성은 2,200년이 지난 오늘날까지도 전 세계의 직업군인들은 물론 일반인들조차 몇 손가락 안에 꼽을 만큼 특별한 광채를 발하고 있다. 과연 무엇이 그의 이름을 그토록 빛나게 하는 것일까? 그는 알렉산드로스나 징기스칸, 또는 나폴레옹같이 광대한 지역을 평정한 정복자도 아니었고, 대제국이나 왕국을 건설한 군왕도 아니었다. 그는 다만 한 사람의 장군이었고, 강대한 로마를 한때 멸망 직전까지 몰아붙였던 군사적 천재였을 따름이다. 그럼에도 불구하고 한니발의 명성과 그가 거두었던 빛나는 승리들은 후세의 군인들에게 마르지 않는 영감의 원천이 되었고, 그로 인해 한니발은 모든 군인들이 한 번쯤은 꿈꾸어 보는 우상이 되었다. 이 책은 한니발의 승리 가운데서도 가장 빛나는 대첩, 아니 어쩌면 전쟁의 역사를 통틀어 가장 완벽한 승리라고 평가받을 만한 칸나이 전투(BC 216)를 다루고 있다.

고대의 서지중해 지역에서 가장 강대한 두 나라 로마와 카르타고는 패권을 놓고 운명적인 싸움을 벌일 수밖에 없는 호적수였다. 그리하여 이 두 나라는 3차에 걸친 전쟁, 곧 역사에 '포에니 전쟁'이라고 기록된 패권전쟁을 벌였다. 제1차(BC 264~241), 제2차(BC 218~202), 제3차(BC 149~146) 포에니 전쟁이 그것이다. 페니키아인들에 의해 건국된 카르타고는 제1차 포에니 전쟁 당시 본국인 오늘날의 튀니지아 지역을 포함한 북아프리카 전 해안지역과 오늘날의 스페인이 있는 이베리아 반도의 남부 해안지대, 그리고 시칠리아와 사르데냐섬의 서부지역을 영토로 하여 서부 지중해의 해상권을 장악한 가장 강력한 국가였다. 로마는 일개 도시국가로부터 출발하여 이 무렵 이탈리아 반도 전체(루비콘강 이남지역)를 석권하고 떠오르는 태양같은 웅비의 세를 과시하고 있었다. 시칠리아섬의 지배권을 놓고 시작된 제1차 전쟁은 23년의 장기전 끝에 해전에서 우세했던 로마의 승리로 끝나 시칠리아섬은 로마의 속령이 되었다.

한니발의 등장은 제2차 전쟁에서였다. BC 238년, 제1차 전쟁 말기에 카르타고군의 사령관이었던 하밀카르는 9살 난 아들 한니발을 대동하고 식민지 확장을 위해 에스파냐로 건너갔다. 그곳에서 식민지 경영을 통해 절치부심 복수 준비에 매달렸던 부친의 유지를 이어 받은 한니발은 28세가 되던 BC 219년 로마의 동맹도시 사군툼을 함락시킴으로써 로마를 제2차 전쟁으로 끌어들였다. 이듬해 6월 그는 보병 9만 명, 기병 1만 2,000명, 코끼리 37마리와 함께 에브로강을 건너고 피레네 산맥을 넘은 뒤 프랑스를 거쳐 10월 중순에 알프스에 도달했다. 그리고 보름 동안 지형과 기후와의 악전고투 끝에 마침내 11월 초순에는 알프스를 넘어 북부 이탈리아로 진입했다. 한니발이 알프스 산맥을 넘은 작전은 동서고금의 전쟁사에 가장 경이로운 업적의 하나였으며, 그로부터 160년 뒤에 역방향으로 알프스를 넘어 갈리아 원정에 나섰던 카이사르나 2000년 뒤에 같은 방향으로 이탈리아 원정을 감행한 나폴레옹에게 영감을 불어넣었음에 틀림없다. 그

후 티키누스, 트레비아, 트라시메네 등지에서 로마군을 연전연파한 한니발은 BC 216년 8월 2일 드디어 이탈리아 남동부의 칸나이에서 수적으로 거의 2배에 달하는 로마군을 교묘한 유인술로 양익 포위망 안에 끌어들여 궤멸시키는 대승리를 거두었다. 이것이 31살의 군사천재가 인류사에 영원히 기억될 최정상급의 전술을 유감없이 과시한 칸나이 대첩이었다.

이 책은 이러한 제2차 포에니 전쟁(또는 한니발 전쟁)을, 그 배경으로부터 시작하여 클라이맥스인 칸나이 전투까지 마치 그림이나 영화를 보는 듯이 묘사하고 있다. 저자인 마크 힐리는 이 역사적 주제에 대한 원전 문헌이라고 할 수 있는 그리스의 역사가 폴리비우스와 200년 뒤의 로마 역사가 리비우스의 기록들, 그리고 다른 권위 있는 연구물들에 기초함은 물론이고, 다양한 고고학적 자료들과 사진, 그림들을 광범위하게 활용하여 매우 객관적이고 생생하게 서술했다. 이 책의 또 하나의 미덕은 로마군의 편제와 구성에 대한 요점정리식의 서술이며, 특히 전투가 벌어지는 무대 뒤에서 치열하게 전개되는 로마와 카르타고 정치판의 묘사는 우리에게 시사해주는 바가 크다. 즉, 전투는 군인들이 하지만 전쟁은 정치가가 하는 것이며, 이 점에서 로마는 한니발을 극복하고 결국에는 카르타고에 승리한다. 로마는 비록 우여곡절의 파당적 암투를 겪지만 칸나이 대패 이후에도 결코 굴복하지 않고 패배의 교훈을 살려 결전을 회피하는 지연전술(Fabian Tactics)로 위기를 극복한 반면에, 카르타고는 파당적 이해관계에서 헤어나오지 못한 채 한니발의 승기마저 놓치고 종당에는 전쟁마저 그르치고 만다.

무릇 창조는 모방으로부터 비롯된다. 한니발의 칸나이 대첩은 후세의 군인들에게 두고두고 전술과 전략에 대한 영감의 원천이 되었으며, 특히 '슐리펜 계획'(제1차 세계대전 전에 독일의 참모총장 알프레드 폰 슐리펜Alfred von Schlieffen이 세운 대 프랑스전 작전계획)은 가장 유명한 칸나이 전술의 응용편이라 할 수 있다. 직업군인이라면 모름지기 지나간 전쟁의 연구로부터 자신만의 창의적인 전술·전략을 그려내는 노력을 게을리 하지 말아야 한다. 로마 장군 스키피오 아프리카누스 역시 적장 한니발을 철저히 분석하고 연구하여 BC 202년 마침내 자마 전투에서 한니발을 제압하고 제2차 포에니전쟁을 승리로 마감했다. 그러한 의미에서 전쟁사는 '군인들의 실험실'인 것이다. 이 책을 읽는 독자들이 한니발의 눈부신 작전술은 물론이고, 부하들과 함께 맨 땅 위에 외투를 깔고 자며 똑같이 거친 음식을 먹던 그의 리더십으로부터 생생한 교훈을 얻기를 바란다.

허남성(국방대학교 군사전략학부 교수)

| 차 례 |

감수의 글     4

서막     11

양측 지휘관 : 한니발 vs 파비우스     31

양측 군대 : 카르타고군 vs 로마군     43

BC 218년, 티키누스 전투와 트레비아 전투     79

BC 217년, 트라시메네 전투     95

BC 217~216년, 파비우스식 전략     109

칸나이로 가는 길     127

칸나이 전투     141

전쟁의 영향     163

연표     171

전장의 현재 모습     175

참고 문헌     180

| 서막 |

고대와 현대를 막론하고 대부분의 역사학자들은, BC 219년에 한니발(Hannibal)이 에스파냐의 도시 사군툼(Saguntum)을 함락한 것을 제2차 포에니 전쟁의 직접적인 원인으로 보고 있다. 그러나 사실 이 사건은 로마와 카르타고 사이에 오랫동안 쌓여온 적대감이 공식적으로 폭발한 것이었다. 제1차 포에니 전쟁 이후 두 강대국 사이에 갈등을 유발했던 일련의 사태들이 정점에 도달한 것이다. 역동적이고 팽창주의적인 로마로부터 전쟁의 쓴맛을 경험한 이후, 카르타고가 경제적 재기에 성공했다고는 해도 다시 평화롭게 살아간다는 것이 쉬운 일은 아니었다. 특히 양 국가의 이익이 충돌하는 에스파냐 지방에서 그들이 대립하게 되리라는 것은 불을 보듯 뻔한 일이었다. 카르타고나 로마 일방이 제2차 포에니 전쟁을 고의적으로 일으키지 않았다는 의견도 많다. 하지만 '어느 나라가 서부 지중해를 지배할 것인가'라는 중대한 문제를 둘러싼 두 나라의 대립은 필연적인 것이었다. 이 문제는 결코 외교적으로는 해결할 수 없는 문제였다. 오직 전쟁만이 두 나라 간의 대립을 종식시킬 수 있는 수단이었다.

전쟁이 시작되자, 한니발은 카르타고의 야망을 펼치기 위해 과감한 전략을 선택했고, 이탈리아를 무대로 한 전투에서 잇따라 대승을 거두었다. 로마는 멸망 일보직전의 상황에까지 몰리게 되었다. 당시 로마제국이 얼마나 위험한 상황에 처해 있었는지는, 이후 수세기 동안 '카르타고의 한니발'이란 이름이 로마인들의 뇌리 속에 얼마나 깊게 각인되어 있었는지를 보면 알 수 있다. "Hannibal ad portas(한니발이 문 밖에 와 있다)"라는 말은 국가가 어려움에 처해 있던 시기의 로마인들을 위한 속담이 되어버렸다. 또 로마제국이 멸망할 때까지 이 말은 특히 모든 로마 여인들에 대한 잠재적인 위협으로 그 효과를 발휘했다.

이탈리아를 침공한 뒤 2년 동안 한니발은 수많은 대규모 전투에서 로마의 시민군단을 굴복시키고 살해했다. 한니발의 전쟁은 BC 216년에 정점을 이루었다. 당시에 그는 이탈리아 남부의 칸나이(Cannae)에서 수적으

카르타고의 유적들은, BC 146년 제3차 포에니 전쟁의 과정에서 로마인들이 파괴했기 때문에 오늘날에는 거의 남아 있지 않다. 사진 속의 유적은 로마시대와 그 이전의 것이다. BC 814년, 페니키아인들은 이곳에 처음 정착하여 '새로운 도시'라는 뜻의 '카르트 하다시트(Kart-Hadasht)'라 불렀다. 이는 라틴어로 '카르타고(Carthago)'를 의미한다. 카르타고와 로마가 충돌하기 시작한 BC 264년이 되기 전까지 카르타고는 강력한 상업왕국을 건설하여 과거 3세기 동안 서부 지중해 지역에서 지배적인 영향력을 행사해왔다. BC 508년~BC 348년 사이에 상호 존중과 무역규제에 관한 조약을 체결하기는 했지만, 이탈리아를 지배하던 로마는 시칠리아섬을 놓고 카르타고와 대립할 수밖에 없었다. 그리스의 역사학자 폴리비우스(Polybius)는 27년간의 이 전쟁을 두고 "우리가 아는 한 가장 오래 지속된 전쟁"으로 묘사했다. 전후의 평화는 마치 전쟁의 재개를 기다리는 잠깐의 휴식처럼 보였다.

로 우세한 로마군을 상대로 역사상 유례없는 대승을 거두었다. 그는 적을 이중으로 포위하는 전술을 사용했는데, 이는 오늘날에도 확실한 승리의 본보기로 평가받고 있다.

### 제2차 포에니 전쟁의 원인

이미 어린 시절부터 한니발은 이후 평생에 걸쳐 그의 삶에 영향을 미치게 될 로마에 대한 적개심을 갖고 있었다. 그는 카르타고의 실력자인 아버지 하밀카르 바르카(Hamilcar Barca) 슬하에서 자랐다. 당시 하밀카르 바르카와 수많은 카르타고들인은 로마에 대한 뿌리깊은 적개심과 분노를 가지고 있었고, 한니발 역시 그 영향을 받지 않을 수 없었다. 카르타고인들의 그러한 감정이 제1차 포에니 전쟁의 패배로 자연스럽게 생겨난 것이라 한다면, 그 증오의 감정에 불을 붙이고 보복전쟁의 씨앗을 뿌린 것은 바로 제1차 전쟁 이후 여러 해에 걸쳐 로마가 카르타고에 취했던 행동들이었다.

BC 241년에 아이가테스(Aegates) 제도에서 로마 해군이 결정적인 승리를 거둔 후, 카르타고의 원로원은 23년간의 소모적인 전쟁을 마치고 평화조약을 체결할 수 있는 권한을 하밀카르에게 부여했다. 승리감에 도취한 로마는 적대관계를 종식하는 조건으로 카르타고에 비싼 대가를 요구했다. 카르타고는 시칠리아를 비워주고 10년에 걸쳐 3,300탈렌트를 전쟁보상금으로 지불해야만 했다. 이와 같은 불쾌한 조건과 더불어 제1차 포에니 전쟁 이후 3년 동안 로마가 취한 행동들은 하밀카르와 바르카 가문에 내재되어 있던 적개심에 불을 지피기에 충분했다. BC 237년, 로마는 카르타고로부터 사르데냐(Sardegna)섬을 빼앗음으로써 사실상 BC 241년에 맺은 평화조약을 파기했다. 카르타고가 사르데냐섬을 되찾으려 하자, 로마는 카르타고인들에게 즉시 탈환 계획을 포기하고 보상금 1,200탈렌트를 더 지불할 것을 강요했다. 그리스의 역사가 폴리비우스는 당시 카르타고인들이 "그러한 불공정함에 깊이 분개했지만 그것을 막을 힘이 없었다"고 전한다.

상업국가였던 카르타고는 시칠리아와 사르데냐, 그리고 코르시카를 잃음으로써 경제적으로 큰 타격을 입었다. 에스파냐에 파견된 하밀카르가 그곳에서 카르타고의 지위를 재정립하려 했던 것도 모두 이에 대한 보상

심리에서 비롯된 조치였다. 에스파냐 지역은 오랫동안 카르타고에 천연자원을 공급하고 용병을 제공하던 중요한 기반이었다. BC 237년에 하밀카르가 자신의 군대와 아들 한니발, 사위 하스드루발(Hasdrubal)을 이끌고 에스파냐에 상륙한 것은 그곳에 왕국을 건설하기 위해서였다. 이후 여러 해 동안 하밀카르는 에스파냐 반도에서 상당히 효과적인 군사행동을 이끌었다. 이곳에서 그가 펼쳤던 정책과 전략적 구상에 대한 역사학자들의 해석은 다양하다. 하지만 "하밀카르의 궁극적인 목적은 훨씬 더 장대한 위업을 달성하는 것이었고, 만약 하밀카르가 살아 있었다면 이탈리아 침공은 아마도 그의 지휘 아래 이루어졌을 것이다"라는 로마의 역사가 리비우스(Livius)의 주장은 상당히 타당한 근거를 가지고 있다.

BC 229년, 하밀카르가 사망하자 사위 하스드루발이 그 권한을 위임받았지만 정복정책은 계속되었다. 하스드루발은 능숙한 외교술을 발휘하여 군사적인 성공을 견인했으며 많은 에스파냐 부족들과 동맹을 맺었다. 그러나 카르타고가 하스드루발의 지휘 아래 군사적 역량을 점차 강화하고 있다는 사실을 로마가 눈치채지 못할 리 없었다. 당시 마실리아(Massilia, 프랑스 마르세유Marseilles의 로마시대 명칭—옮긴이) 역시 에스파냐에 경제적으로 지대한 관심을 가지고 있었으며, 그곳에서 카르타고의 영향력이 팽창하는 것을 상당히 경계했다. 오랜 '로마의 친구'로서 마실리아는 로마에 이 사실을 알렸다. BC 226년, 하스드루발이 북쪽으로 세력을 계속 확대해나가는 것에 대해 로마가 공식적인 제재를 가하기 시작했다. 당시 하스드루발과 로마 사이에 체결한 조약에 따르면, 카르타고 군대는 에브로(Ebro)강을 넘어갈 수 없었다. 그런데 조약에는 사군툼에 대한 언급이 전혀 없었다. 사군툼은 에브로강에서 남쪽으로 약 140킬로미터 정도 떨어져 있었다. 따라서 조약에 비춰보더라도 사군툼의 경우는 예외였다.

역사가 폴리비우스는, 사군툼 사람들이 BC 226년 이전부터 '로마의 보호 아래' 있었다고 전한다. 그 정확한 시기는 알 수 없지만 BC 231년이었을 가능성도 있다. BC 226년에 이르러 이러한 관계가 확고한 사실로 정립되었다는 것은 당시 상황을 카르타고인들이 묵인했다는 것을 설명해준다. 아마도 카르타고인들은, 로마가 사군툼과의 우호관계를 향후 에스파냐 지배의 구실로 이용하지 않는다는 단서를 붙였을 것이다. 그러나 불과 7년 후, 로마와 카르타고 사이에서 발생한 전쟁의 직접적인 원인이 된 것은 바로 사군툼에 대한 이러한 동상이몽이었다.

### | 한니발과 사군툼 공략 |

BC 221년에 하스드루발이 암살되자, 에스파냐의 카르타고군(軍)은 만장일치로 하밀카르 바르카의 아들 한니발을 후계자로 추대했다. 25세의 어린 나이에도 불구하고 그는 "기상이 넘쳤고 두뇌회전이 빨랐기 때문에" 후계자로 선택되었다. 한니발은 '군사정복'이라는 아버지의 정책을 이어받아 빠르게 에브로강 전선으로 북진했다. 그 동안에 사군툼에서는 훗날 로마와 카르타고 사이의 전쟁으로 발전하게 될 만한 몇 가지 사건들이 연이어 발생했다.

BC 220년 겨울, 한니발이 뉴카르타고(New Carthage)로 돌아오기 전에 사군툼에서는 친(親)로마파와 친카르타고파 사이에서 심각한 논쟁이 벌어졌다. 로마를 지지하는 세력은 로마에게 이 논쟁의 중재를 요청했다. 로마의 원로원은 곧 대표단을 파견하여 사군툼의 내분을 종결시켰다. 그 과정에서 카르타고를 지지하던 많은 시민들이 처형을 당했다. 이후 한니발을 찾아와 사군툼의 내정에 개입하지 말 것과 에브로강을 넘지 않겠다던 BC 226년의 조약을 준수하라고 요구한 것도 바로 이 로마 대표단이었을 것이다. 당시 화가 난 한니발은 카르타고의 무고한 시민들이 죽었으니 자신은 그들의 명예를 지켜줄 의무가 있다고 주장했다. 그는 이 문제를 카르타고의 원로원에 상정했고, 원로원은 한니발의 의견에 동의를 표하고 그가 생각하는 바대로 처리하라고 전해왔다.

BC 219년에 에스파냐의 도시 사군툼을 포위하고 강습점령을 감행한 한니발의 행동은 제2차 포에니 전쟁의 발단이 되었다. (스페인 관광청)

　이제 사태는 긴박한 국면으로 접어들었다. 한니발은 자신이 장차 취할 수 있는 행동들과 예상되는 결과들에 대해 심사숙고해야만 했다. 하지만 그는 주저하지 않고 행동에 나섰다. 카르타고의 원로원은 한니발에게 재량권을 줄 때부터, 그가 로마의 요구에 응하지 않을 것이며 사실 그에게는 별다른 선택의 여지도 없다는 점을 이해하고 있었다. 그들 역시 이 문제에 있어 카르타고가 로마의 주장을 인정한다면 향후 에스파냐 문제에 로마가 개입하더라도 별로 할 말이 없게 될 것이라는 점을 잘 알고 있었다. 더욱이 그것은 한니발만큼이나 그들에게도 참을 수 없는 일이었다.

　BC 219년 4월, 한니발은 호전적인 로마가 자신의 사군툼 공격에 대해 어떤 반응을 보일지 확신할 수 없었지만 결국은 전쟁이 일어날 것이라는 각오 하에 일을 추진했다. 그런 의미에서 사군툼 공격은 분명히 이탈리아 침공의 서막이라 할 수 있었다. 한니발은, 친로마 도시인 사군툼이 카르타고의 후방 깊숙이 자리잡은 '적의 교두보'인 채로 남겨둘 수는 없었기에 어쨌든 이를 반드시 정복해야만 했다. 이듬해, 한니발은 본격적인 작전에 앞서 본거지인 에스파냐부터 정리하기로 했다. 이 새로운 전쟁을 에스파냐에서 시작함으로써 로마인들로 하여금 에스파냐를 전쟁의 주요 무대로 인식하게 만들면 카르타고의 장기적인 전략에 도움이 될 것이라 판단했던 것이다.

사군툼이 심각한 위협에 처해 있다는 소식에도 로마는 아무런 반응을 보이지 않았다. 그러나 BC 218년 2월, 마침내 도시 전체가 함락되었다는 소식이 로마에 전해지자 원로원 의원들은 큰 충격을 받았다. 그들의 반응은 지극히 당연한 것이었다. 그들은 바로 전 해 겨울에 사군툼에 대한 로마의 권리를 한니발에게 충분히 설명했었다. 따라서 그들은 당연히 한니발이 사군툼에 군사적인 조치를 취하지 않을 것이라 믿고 있었다. 이전의 카르타고는 엄포만으로도 비교적 말을 잘 들어왔다. 그런 자만이 당시 로마 외교의 핵심을 이루고 있었다. 그러나 이제는 더 이상 엄포가 통하지 않는 상황이 된 것이다. 당황한 로마인들은 당장 어떠한 행동을 취해야 할지 알 수 없었다. 상황이 이렇다 보니 원로원 의원들 중의 일부는 사군툼 함락을 개전 이유로 받아들이지 않았고, 로마 원로원은 이후 대책에 관해 치열한 논쟁을 벌여야 했다.

로마 원로원에서는 의원들 내부의 심각한 견해 차이로 열띤 논쟁이 벌어졌다. 즉각 전쟁을 선포하자는 의원들이 있었는가 하면, 카르타고에 대표단을 파견하자는 좀더 신중한 의견도 있었다. 이처럼 전쟁의 초기 국면에서부터 로마 원로원 내의 파벌대립은 심각했다. 이후 한니발 전쟁(제2차 포에니 전쟁) 기간 내내 로마 원로원은 치열한 논쟁을 반복했다. 바로 이 문제는 칸나이 전투로 이어지는 이 시기의 로마 정치를 이해하는 데 매우 중요한 요소이다. 로마 원로원이 이처럼 신중한 태도를 취한 데는 분명 여러 가지 복잡한 요인이 작용했을 것이다. 그러나 다른 무엇보다, 로마 원

# BC 241~218년 서부 지중해

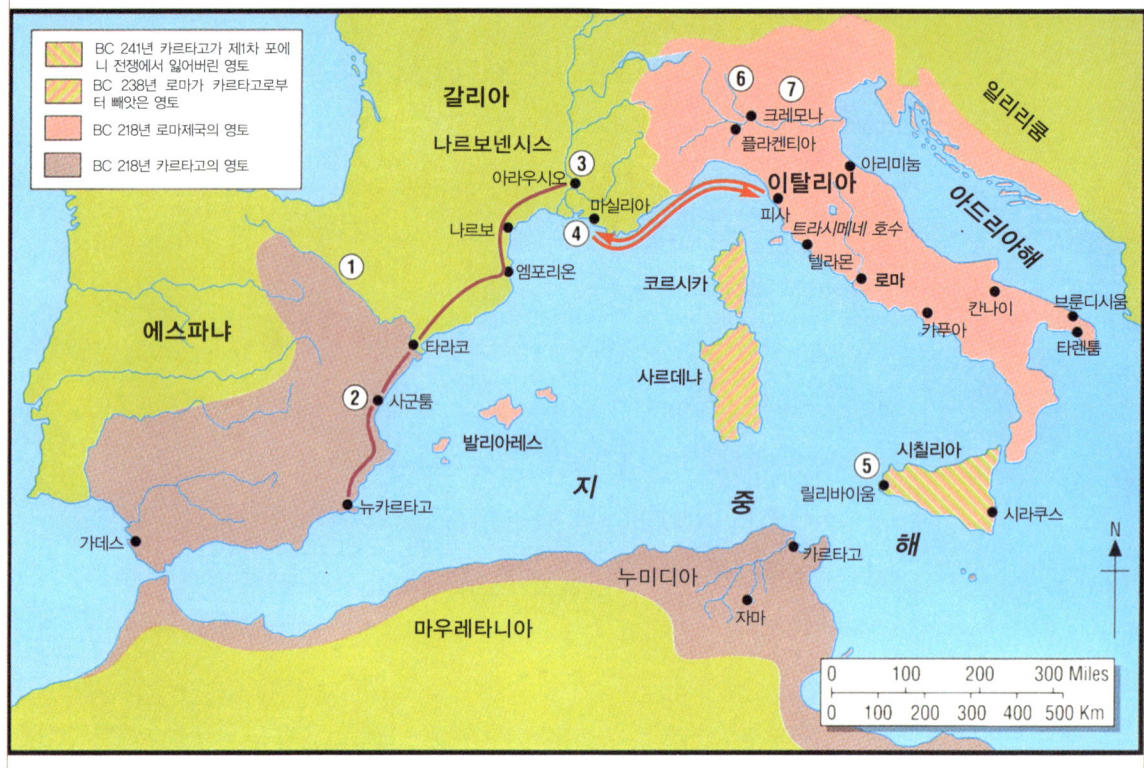

BC 241년, 제1차 포에니 전쟁을 종식하는 평화조약의 조건에 따라 카르타고는 시칠리아섬을 로마에 양도해야 했다. 시칠리아는 로마의 첫 번째 속주(屬州)가 되었다. 그로부터 3년 후, 로마는 코르시카섬과 사르데냐섬의 점령을 카르타고가 묵인해줄 것을 강요했다. 계속되는 영토 손실과 경제적 손실을 만회하기 위해 카르타고는 에스파냐로 눈을 돌려 영향력을 재정립했으며 그곳에서 지속적인 군사정복 정책에 착수했다.

하밀카르 바르카에 이어 BC 229년 이후 그의 사위 하스드루발의 지휘 하에 카르타고가 괄목할 만한 군사적 성공을 거두자, BC 226년에 로마는 그 경계를 북으로 에브로강(1)까지 확장했다. 이 시기를 전후로 해서 사군툼(2)은 로마와 동맹관계를 맺게 되었다. BC 221년, 한니발이 권력을 승계하면서 카르타고는 에스파냐에 대한 정복 정책을 재개했다.

사군툼을 놓고 벌어진 논쟁 끝에 한니발은 BC 219년에 사군툼을 포위공격하기에 이르렀다. 로마는 사군툼 함락을 전쟁 개시로 받아들였다. BC 219년에서 BC 218년으로 넘어가는 겨울 동안 한니발은 이탈리아 침공 준비를 했다. 그는 우선 유사시 본토 방위를 위한 증원군을 아프리카로 보낸 뒤, 사신은 6월 초에 본대를 이끌고 뉴카르타고를 떠나 7월 중순에 에브로 강을 건넜다. 한니발이 론강(3)을 건넌 것은 9월 20일경이었다. 그 와중에 로마의 집정관 코르넬리우스 스키피오(P. Cornelius Scipio) 1세의 지휘 아래 2개 군단으로 이루어진 로마군이 마실리아(4)에 도착했다. 며칠 후에 로마군과 누미디아(Numidia) 기병대 사이에 충돌이 있었지만, 스키피오가 한니발을 놓치는 바람에 한니발은 곧장 알프스로 향했다. 스키피오는 에스파냐에 있는 2개 군단을 동생에게 맡겨놓고 재빨리 로마로 돌아가 한니발의 의도를 알렸다. 그리고 자신은 북이탈리아에 있는 로마군의 지휘를 맡았다.

원로원의 대응은 빨랐다. BC 218년, 로마 원로원은 당시 시칠리아(5)에서 아프리카를 공격할 준비를 하고 있던 또 다른 집정관 셈프로니우스 롱구스(T. Sempronius Longus)에게 군단을 이끌고 빨리 돌아와 스키피오를 도우라고 명령했다. 11월 8일경, 한니발은 알프스의 혹독한 추위를 뚫고 북이탈리아에 도착했다. 티쿠누스(Ticunus)강(6)에서 첫 번째 충돌이 있었으며, 이곳에서는 로마군이 패했다. 12월 중순, 셈프로니우스와 그의 군대가 트레비아(Trebbia) 강(7)에서 스키피오와 합류했으며 22일에는 최초의 대규모 전투가 벌어졌다.

로원에서 벌어졌던 이 모든 이성적인 논쟁의 저변에는 그때까지 로마가 치른 전쟁 중에서도 가장 크고 값비싼 대가를 강요했던 전쟁에서 패배하고도 그것을 딛고 다시 일어서려는 적의 야망에 대한 두려움이 깔려 있었다고 보는 편이 가장 합리적일 것이다.

거듭된 논쟁 끝에 로마 원로원은 잠정적으로 전쟁을 선포하는 동시에 카르타고에 대표단을 파견하기로 결정했다. 그들은 카르타고 원로원에 하나의 대안을 제시했다. 한니발이 독단적인 결정으로 사군툼을 공격했다는 것을 카르타고 원로원이 인정하고, 한니발과 그의 참모들을 로마에 넘겨달라는 내용이었다. 그리고 만약 카르타고가 한니발과의 관계를 부정하지 않는다면 로마는 진짜 전쟁을 선포할 것이라고 덧붙였다. 역사가 리비우스는, BC 218년 5월 중순에 로마의 대표단이 카르타고 원로원을 찾아간 것을 두고 고대 역사상 가장 극적인 장면 중 하나라고 표현했다. 당시 카르타고 원로원이 한니발을 넘기지 않겠다고 하자, 로마 대표단의 일원인 파비우스(Fabius)는 옷 속에 손을 넣어 두 개의 천조각을 꺼내며 말했다. "여기에 우리는 전쟁과 평화를 가져왔소. 원하는 것을 가져가시오." 그의 말이 떨어지기가 무섭게 어디선가 도도한 대답이 터져나왔다. "마음대로 하시오. 우리는 상관하지 않겠소." 파비우스는 천조각들을 떨어뜨리며 소리쳤다. "그렇다면 전쟁이오!" 그러자 카르타고의 원로들은 한 목소리로 대답했다. "좋소! 우리는 죽을 때까지 한 몸이 되어 싸울 것이오!"

| 한니발의 전략 |

사군툼은 8개월 동안 카르타고군의 공격에 저항했으나 마침내 BC 219년 말에 항복하고 말았다. 한니발은 뉴카르타고로 물러나 이듬해 이탈리아의 본토 침공을 준비하기 시작했다. 그가 로마를 무너뜨리기 위해 어떠한 전략을 수립했는지는 기록으로 남겨져 있지 않다. 하지만 한니발의 전략구상에 중대한 영향을 미쳤을 몇 가지 요인들은 확인이 가능하다. 한니발은

카르타고는 BC 218년에도 여전히 상당한 규모의 해군을 보유하고 있었지만, 로마 함대가 수적으로 우세했기 때문에 한니발은 이탈리아 해안에 군대를 상륙시킬 수 없었다. 사진 속에 나타난 로마 갤리선 부조(浮彫)는 BC 1세기의 것이다. 두드러진 충각(衝角, 옛날 군함의 이물에 붙인 쇠로 된 돌기―옮긴이)과 뱃머리, 전투를 하기 위해 적의 군함에 오른 해군 보병대의 모습은 포에니 전쟁 당시의 전투 방식을 잘 보여주고 있다.(프레네스테Praeneste의 포르투나Fortuna 신전)

로마에 대한 '방어전'에 만족하지 않았음은 분명하다. 왜냐하면 '방어전'이라는 개념은 새로운 전쟁을 벌이고자 했던 바르카 가문의 신념과 정면으로 배치되는 것이었기 때문이다. 어찌보면 카르타고의 근본적인 목표와 한니발이 내세운 전략의 의도는 단순했다. 제1차 포에니 전쟁의 결과를 뒤집자는 것이었다. 만약 카르타고가 로마에 기선을 제압당하여 에스파냐가 전쟁의 주무대가 되도록 내버려두었다면 결코 이 목표를 달성하지 못했을 것이다. 당시 한니발은 카르타고가 로마를 물리칠 수 있는 유일한 방법이 로마의 본토, 즉 이탈리아에서 승리를 거두는 것이라고 생각했던 것으로 보인다.

제1차 포에니 전쟁 때는 수많은 육상 전투가 있었지만, 결국 전쟁의 승패는 해군력이 판가름했었다. 제1차 포에니 전쟁을 통해 로마는 카르타고로부터 제해권을 빼앗는 쾌거를 달성했다. 해상에서의 이러한 승리가 로마의 입장에서 분명 상당한 성과이기는 했지만, 로마가 본질적으로 강력한 육상병력의 국가라는 사실에는 변함이 없었다. 한니발은 군사적으로 우위에 있는 로마의 기반을 공격해야만 카르타고에 승산이 있다고 믿었다. 그 '기반'이란 곧 1년 주기로 순환하는 로마군의 대규모 병력을 의미하는 것이었다. 그 실례로 역사가 폴리비우스는 BC 225년 현재 로마에 복무 중이던 70만 명 이상의 보병과 7만 명 이상의 기병을 언급하면서 "한니발이 장차 공격해야 하는 병력의 규모가 얼마나 큰지를 잘 보여준다"고 말했다. 한니발 역시 로마의 병력이 카르타고로서는 도저히 따라갈 수 없는 수준이라는 것을 인정했다. 하지만 그는 공격을 강행했다.

한니발은 자신의 군사적 능력을 절대적으로 신뢰하고 있었다. 하지만 상당히 현실적이기도 했던 그는, 이처럼 거대한 규모의 병력을 전장에서 쓰러뜨릴 수 있을지에 대해서는 낙관하지 못했다. 한니발 전략의 핵심은 바로 여기에 있었다. 군사적 수단만큼은 로마가 절대적 우위에 있는 상황 속에서 한니발이 감히 이탈리아 본토를 공격하리라고는 아무도 예견하지 못했던 것이다. 한니발이 군사를 동원한 것은 명백하게 '정치적인' 목적을 실현하기 위해서였다. 한니발은 이탈리아 본토를 공격함으로써 로마와 주변 동맹국들 사이의 정치적 유대를 깨뜨려 로마의 권력을 붕괴시키려 했다. 로마가 엄청난 군사적 우위를 갖게 된 것도 바로 이러한 정치적 장치를 이용했기 때문이었다.

모든 라틴 식민지들과 이탈리아 동맹국들은 조약에 따라 로마에 군사력을 제공하도록 되어 있었다. 만일 한니발이 이러한 로마 동맹국들을 정치적 협력관계로부터 떼어놓는 데 성공하거나 적어도 그들이 중립을 유지하게만 할 수 있다면 틀림없이 로마의 군사력에 심각한 타격을 줄 수 있을 터였다. 한니발은 자신의 반복적 공격을 통해 로마의 정치적 권위의 상징이라고 할 수 있는 로마군의 힘과 신뢰가 무너질 수 있다는 사실을 동맹국들에게 보여줌으로써 그러한 일이 가능할 것이라고 보았다. 그러나 막연한 환상이나 낙관에 사로잡히지는 않았다. 그는 여러 곳에서 들려오는 이탈리아의 정치 상황에 관한 각종 정보를 분석함으로써 굳이 로마연합에 묶여 있어야 할 이유가 없는 상당수의 동맹국들이 있다는 사실을 알게 되었다.

한니발이 이러한 동맹국들의 '마음과 정신'을 사로잡으려고 애쓴 이유도 바로 로마에 대한 기존의 의심을 부추기기 위해서였다. 그는 이탈리아에 도착하자마자 기회만 있으면, 자신은 로마와 싸우려는 것일 뿐 동맹국들과는 아무 상관이 없다고 선언하곤 했다. 장차 승리하고 나면 로마 동맹국들의 포로를 모두 석방하겠노라고 약속하기도 했다. 앞으로 살펴보겠지만, 이 전략은 대단히 성공적이었다. 로마가 칸나이에서 엄청난 패배를 당하자, 실제로 남부 이탈리아의 동맹국들은 로마연합을 탈퇴했다. 한니발은, 일정 수준 이상으로 로마가 군사력을 상실하고 동맹국들마저 연이어 연합을 탈퇴하면 로마도 권력을 잃고 결국은 평화체제를 요구하게 될 것이라 생각했다.

이 모든 전략에서 가장 눈에 띄는 부분은, 한니발이 이 엄청난 과제를 수행하기 위해 이용할 수 있는 군사적 자원이 얼마나 제한적인가를 스스로도 너무 잘 알고 있었다는 점이다. 알프스 산맥을 넘는다는 전략구상은 분명 예상을 뛰어넘는 상당한 이점을 제공할 터였지만, 군대가 산맥을 뚫고 나가는 과정에서 상당한 고통도 감수해야 한다는 것쯤은 한니발도 잘 알고 있었을 것이다. 그러나 그에게는 다른 선택의 여지가 없었다. 제1차 포에니 전쟁이 끝난 뒤로 줄곧 강력한 힘을 자랑해왔던 '로마의 해군력'이라는 변함없는 군사적 현실은 그의 선택범위를 제한하고 있었다. 이와 같은 조건 속에서는 이탈리아 해안을 겨냥한 육·해군 연동작전을 펼칠 수 없었다. 하지만 그는, 알프스를 넘어 이탈리아로 이동하는 과정에서 발생하는 불가피한 손실의 상당부분을 당시 로마에 강한 적개심을 품고 있던 갈리아의 켈트족과 동맹을 맺음으로써 상쇄할 수 있다고 믿었다. 이것은 나름대로 타당한 이유를 지닌 착상이었다. BC 225년의 텔라몬(Telamon) 전투 이후에 로마는 갈리아로 진출하여 크레모나(Cremona)와 플라센티아

폼페이에서 고고학 발굴로 찾아낸 아프리카 전투 코끼리 테라코타 상. 코끼리를 부리는 사람은 아프리카인이지만, 이 테라코타 상은 카르타고가 아니라 로마의 코끼리병을 표현하고 있는 것이 거의 확실하다. 제작 시기는 확실치 않지만, 아마도 포에니 전쟁 훨씬 이후일 것으로 추정된다. (나폴리 국립박물관)

(Placentia)에 새로운 식민지를 건설했다. 이것은 켈트족의 일원인 보이(Boii)족과 인수브레스(Insubres)족에게는 지울 수 없는 상처였다. 따라서 BC 218년 초에 한니발의 사자가 비밀리에 그들을 찾아와 카르타고와 함께 로마에 대항하여 공동의 목적을 달성하자는 의견을 전달했을 때, 그들은 이에 전적으로 동의했다. 아주 현실적인 의미에서, 그 대담한 계획의 궁극적인 성패는 다소 변덕스러운 켈트족이 군수품과 군사력을 지원해주느냐 마느냐의 여부에 달려 있었다고 해도 과언은 아니다. 5월 초에 켈트족의 밀사가 찾아와 자신들은 카르타고에 협력할 것이며 포(Po)계곡에서 카르타고 군대가 도착하기만을 기다리고 있다고 말했을 때, 한니발은 비로소 크게 안심했다. 대규모 군대가 알프스를 건너는 것이 쉽지는 않겠지만 전혀 불가능한 것도 아니라는 보고를 받은 것도 그의 결정에 중요하게 작용했다.

드디어 때가 되었다. 이른 봄에 군대를 소집하여 훈련을 마치고 이제 전쟁을 위한 만반의 준비가 끝났다. 로마의 선전포고 소식이 전해진 순간 주사위는 던져졌다. 한니발이 말을 타고 측근 장수들과 함께 뉴카르타고의 성문을 통과하여, 성벽 앞에 전투 대형으로 집결해 있는 수많은 병사들과 합류한 것은 아마도 6월 초순에서 중순 사이였을 것이다. 한니발이 마지막 연설을 마치자 진군을 알리는 나팔소리가 울려퍼졌고, 곧 보병 9만 명과 기병 1만 2,000명, 코끼리 37마리가 일제히 움직이기 시작했다. 그들은 천천히, 그리고 장엄하게 북쪽을 향해 기나긴 행군의 첫발을 내딛었다. 그러나 약 6개월 후, 그 중에서 4분의 1도 안 되는 병력만이 추위에 지치고 허기로 탈진한 채 북부 이탈리아 평원에 도착할 수 있었다.

## 론강을 향하여

카르타고 군대가 에브로강에 도착하기까지는 약 6개월이 걸렸다. 그런데 그 다음에 약간 문제가 생겼다. 한니발은 일부러 에브로강과 피레네 산맥 사이에 있는 많은 친(親)로마 부족들을 통과하며 전진했다. 그 과정에서 카르타고군은 몇 번이나 몹시 위험한 싸움에 휘말렸다. 카르타고군의 손실이 크기는 했지만, 이탈리아와 에스파냐의 원활한 정보전달 체계와 수송로를 확보하려면 이 지역을 반드시 카르타고의 통제 아래 두어야만 했다. 한니발에게는 이탈리아 동맹국들의 자원만큼이나 육로를 통해 에스파냐로부터 수송되어야 할 병력과 물자 또한 무척이나 중요한 전략요소였을 것이다. 한니발은 이 지역의 안보가 궁극적인 목적을 이루는 데 더없이 중요하다고 판단했다. 그래서 그는 '한노(Hanno)'의 책임 아래 보병 1만 명과 기병 1,000명이라는 상당한 규모의 병력을 파견하여 그들의 복종을 확인하는 동시에 해안지역의 엠포리온(Emporion)이라는 친로마 그리스 식민지를 감시하게 했다.

역사가 리비우스의 기록에 따르면, 한니발이 충성도가 떨어지는 에스파냐 징집병들 가운데 3,000명을 돌려보냄으로써 카르타고군의 병력이 감소하기 시작했다고 한다. 게다가 한니발은 부대의 사기가 저하되는 것에 괘념치 않고 다시 충성심이 의심스러운 에스파냐 병사 7,000명을 집으로 돌려보냈다. 그 결과, 뉴카르타고를 출발하여 8월 말에 엠포리온을 떠날 무렵에는 2만 명 이상의 보병과 1만 명 이상의 기병이 줄어 있었다. 역사가 폴리비우스는 피레네 산맥을 넘기 시작할 무렵 한니발의 병력이 보병 5만 명과 기병 1,000명에 불과했다고 기록하고 있다.

9월 말, 한니발의 군대가 론강에 일찍 도착할 수 있었던 것은 지역 켈트 부족들과의 합의 덕분이었다. 그들은 한니발의 선물에 대한 보답으로 카르타고군이 그 지역을 안전하게 통과할 수 있도록 해주었다. 그런데 폴리비우스는 이 단계를 거치면서 보병 1만 2,000명과 기병 1,000명을 더 잃었다고 주장하고 있다. 따라서 그가 제시하는 행군 당시 한니발의 병력 수치는 신뢰할 만하지 않다는 의견도 제기되어왔다. 한니발은 론강을 건너는 동안 갈리아인들의 공격을 받았지만, 역사가 리비우스와 폴리비우스는 공히 그 과정에서 한니발이 큰 타격을 입었다는 언급은 하지 않고 있다. 실제로 한니발이 에스파냐와 연락을 주고받기 위해 행군 중에 주둔지를 세우고 주둔병을 남겨두었는지는 확실하지 않지만, 어느 정도 고고학이 이를 뒷받침하고 있다.

## 론강에서 알프스까지

한니발이 정확히 론강의 어느 지점에서 도강했는지는, 그가 이탈리아까지 행군하는 동안 있었던 거의 모든 일들과 마찬가지로 매우 활발하고 격렬한 학문적 논쟁을 불러일으켰다. 어떤 이들은 그가 현재의 보케르(Beaucaire)에서 건너갔다고 생각하고 있는데, BC 3세기의 보케르는 고대 '비아 도미티아(via Domitia, 로마시대의 스페인과 로마를 연결했던 길—옮긴이)'의 도강 포인트이기도 했다. 9월 25일 또는 그 즈음에 한니발은 자신의 부대를 여러 가지 방법으로 도강시켰다. 갈리아인들이 카르타고군의 상륙을 막기 위해 제방으로 모여들었지만, 한니발은 미리 도강하여 강 상류에 숨어있던 카르타고 기병대에게 연기로 신호를 보내어 완전히 방심하고 있던 갈리아인들의 후방을 공격하게 했다.

강에 도착한 지 6일째 되던 날 밤, 한니발의 코끼리를 제외한 모든 부

BC 2세기경 에스파냐 기병(위)과 로마 시민 기병의 대전.
(앵거스 맥브라이드 Angus Mcbride 그림)

〈왼쪽〉 이 짧은 책에서는 아직도 논의가 분분한 한니발의 이동경로에 대해 명확한 답을 제시할 수 없다. 여러 해에 걸쳐 많은 가설들이 제시되었으나, 지면 관계상 그런 문제들을 전부 논의하지 못하는 것을 이해해주기 바란다.
〈오른쪽〉 어쨌든 한니발이 군대를 거느리고 알프스 산맥을 성공적으로 넘어간 것은 실로 놀라운 일이 아닐 수 없다. 이 두 장의 사진을 통해, 그가 이탈리아에 도달하기 위해 얼마나 어려운 길을 지나야 했는지 조금이나마 알 수 있을 것이다.

대원들은 무사히 강을 건넜다. 이튿날 한니발이 막 코끼리 부대를 데리고 강을 건너려고 할 때, 스키피오가 강의 동쪽 하구에 도착했다는 급보가 도착했다. 한니발은 상황을 확인하기 위해 누미디아 기병대 500명을 급파했다. 그 사이, 포 계곡에 있던 갈리아 대표들이 진지로 찾아와 한니발과 병사들에게 용기를 북돋아주었다. 다음날, 살아 돌아온 누미디아 기병대 300명은 실제로 스키피오가 부근에 와 있음을 알렸다. 그 보고가 카르타고 지휘관들 사이에 채 퍼지기도 전에 로마 기병대는 카르타고의 진지 부근까지 달려오는 과감함을 보여주었다.

코끼리 부대는 그대로 강 건너에 내버려둔 채, 카르타고군은 별다른 동요 없이 막사를 버리고 론강의 동쪽 강둑을 따라 북쪽으로 이동했다. 4일 후, 카르타고군은 폴리비우스와 리비우스가 "그 섬"이라고 지칭한 곳에 도착했다(정확히 이곳이 어디였는지에 대해서는 의견이 분분하므로 이 책에서는 어느 한 쪽의 의견을 따르지 않았음을 밝혀둔다. 한니발의 알프스 이동 경로에 관한 것들과 마찬가지로 이 점에 대한 좀더 자세한 정보들은 관련 문헌들을 통해 확인할 수 있다. 관심 있는 독자들은 그러한 자료들을 참조하기 바란다). 그 이후에 카르타고 군대는 폴리비우스의 말처럼 "한니발이 알프스 산맥을 오르기 시작한" 10월 14일경까지 열흘간을 더 행군했다.

| 양측 지휘관 : 한니발 vs 파비우스 |

## 한니발 바르카

로마의 역사가 리비우스는, 자마(Zama) 전투에 앞서 이미 한니발이 "알프스와 갈리아에서 벌어진 위대한 전투로 이탈리아 전체를 떨게 만들었다"고 적고 있다. 그리고 "더욱이 한니발은 자신과 더불어 오랜 시간 함께 싸워왔으며 인간의 한계를 넘어서는 고난을 겪으면서 더욱 강력해진 군대를 지휘"하고 있었다고 덧붙이고 있다. 한니발에 대한 리비우스의 일반적인 혹평과는 어울리지 않는 이 표현 속에는, 놀라운 군사적 행동을 통해 로마의 역사에 등장하는 그 어떤 이방인들보다 로마인들에게 큰 영향을 주었던 한 인물에 대한 어쩔 수 없는 경탄이 내포되어 있다.

리비우스는 한니발의 가장 두드러진 특징에 대해서도 언급하고 있다. 여러 해 동안 한니발은 "출신도 제각각인 오합지졸의 뒤죽박죽" 군대를 특유의 인간적인 매력과 리더십으로 잘 통제해왔다는 것이다. 돈과 전리품을 위해 싸우는 자들이 결국에는 그 모든 것들을 잃고 마침내 죽음까지 감수했다는 사실을 통해 우리는 한니발의 카리스마가 어떠했는지를 엿볼

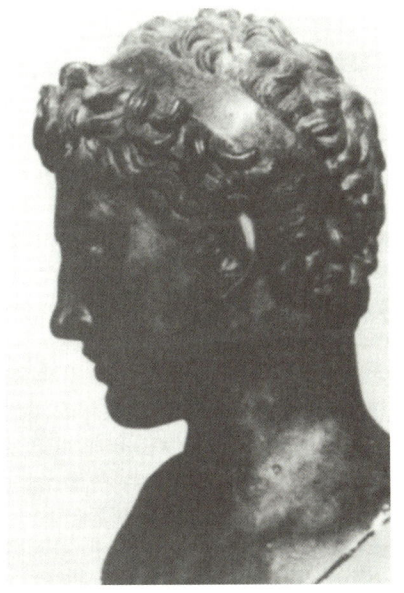

한니발의 모습을 재현하기 위해 제작한 흉상들 중에서 믿을 만한 것은 거의 없다는 것이 중론이다. 그럼에도 불구하고 모로코의 볼루빌리스(Volubilis)에 있는 왼쪽의 대리석상과 특히 오른쪽의 청동상은 젊은 카르타고 장군의 모습을 멋지게 형상화하고 있다. 오른쪽의 청동상은 BC 220년경 에스파냐의 카르타헤나(Cartagena)에서 주조된 동전에 새겨진 얼굴들과 상당히 흡사하다. 두 경우 모두 한니발을 멜카르트(Melcart) 신의 모습과 비슷하게 묘사하고 있다. (튀니지 관광청)

양측 지휘관 : 한니발 vs 파비우스

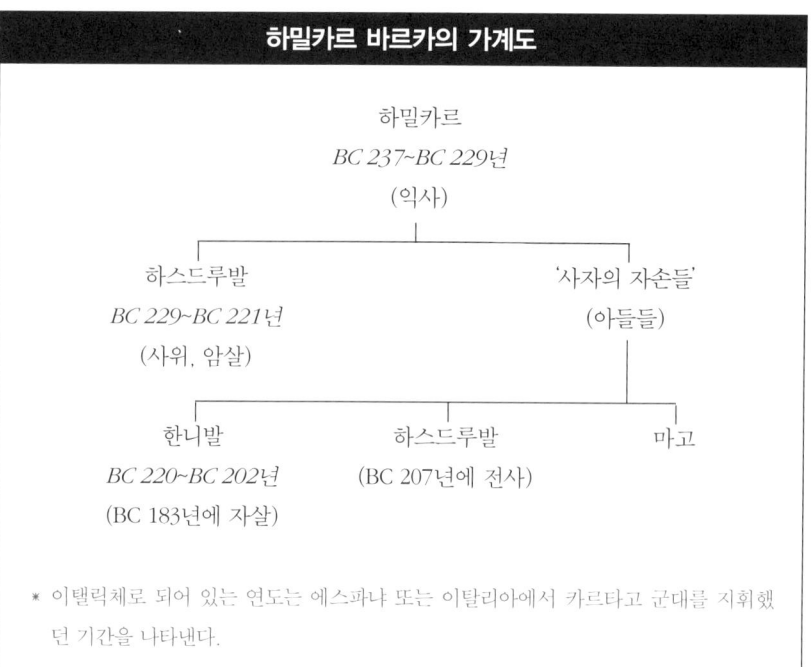

수 있다. 이는 무엇보다 그가 병사들의 심리상태를 예리한 통찰력과 이해력으로 간파하고 있었던 덕분이었다. 그는 휘하 병사들 각각에게 동기를 부여하여 저마다 전투에서 자신의 전투 능력을 극대화할 수 있도록 만들었다. 사실 그의 위대한 승리는 모두 이러한 리더십에 기반했기에 가능했던 것이다.

그는 지휘관이었지만, 일반 병사들과 함께 생활하면서 그들이 춥고 배고플 때 자신도 역시 추위에 떨고 굶주리며 땅바닥에 외투를 깔고 잠을 잤다. 무엇보다 당시의 카르타고군은 한니발의 군사적 능력에 대해 확고한 믿음을 가지고 있었다. 일단 그가 전투를 벌이기로 결정한 이상 무조건 승리할 것이라고 확신할 정도였다. 한니발은 아무리 자원이 부족하더라도 병사들이 불필요한 희생을 치르는 상황만큼은 피하려고 늘 노력했다. 병사들은 무엇보다 한니발을 위해 싸웠다. 그들의 궁극적인 목표였던 '카르

〈왼쪽〉 이 1.5세켈(shekel)짜리 동전에 새겨진 인물은 한니발로 추정된다. (뮌헨 히르메르Hirmer 사진문서고)
〈오른쪽〉 나폴리 고고학 박물관에 있는 이 흉상은 한니발의 노년 모습을 보여주고 있다. 그는 자신을 잡으려는 로마인들을 피해 BC 195년에 카르타고에서 도망쳤다. BC 183년, 로마 원로원은 그가 비티니아의 왕에게 의지하고 있다는 사실을 알고 비티니아에 그를 인도해줄 것을 요구했다. 적에게 잡히는 불명예와 굴욕을 감수하는 대신 그는 독약을 마시는 쪽을 택했다. 그는 죽기 전에 마지막으로 다음과 같은 말을 남겼다. "이제 로마인들은 큰 걱정거리를 덜겠군. 이 증오스러운 늙은이가 죽기만을 기다리는 일이 너무나 지루하고 힘든 일이었을 테니." (튀니지 관광청)

타고의 대의'는 분명 그 다음이었다.

알프스를 가로지른 한니발의 행군은 인류의 전쟁사 안에서도 가장 뛰어난 업적 가운데 하나이다. 그것은 군대 지휘관으로서 그가 지녔던 덕목들 중 매우 중요한 한 가지를 드러내 보여준다. 한니발은 위험을 감수하지 않고서는 결코 전쟁에서 승리할 수 없다는 점을 잘 알고 있었다. 실제로 그는 위험한 상황들을 피하지 않았고, 그 중에서도 알프스 산맥을 가로지른 것은 가장 위험한 도전이었다. 그러나 정작 중요한 것은, 한니발이 항

말을 탄 로마 시민병의 모습. 당시의 마구(馬具)와 개인용 보호장비, 무기를 잘 보여준다. 칸나이 전투에서 로마 기병대는 하스드루발이 이끄는 카르타고 기병대의 맹렬한 공격에 속수무책으로 밀려났다. (리처드 후크 Richard Hook 그림)

상 그 모든 위험들을 미리 계산해두고 있었다는 점이다. 역사가 폴리비우스도 이 점을 인정하면서 "한니발은 건전한 상식을 가지고 계획을 구상했다"고 말하고 있다. 그의 계획은 분명 과감한 것이었다. 하지만 좀더 자세히 들여다보면 그 계획이 상당히 세심한 주의를 기울여 준비한 것이며 실패할 확률도 매우 적었다는 점을 알 수 있다. 한니발은 기질상 언제나 '예

1세켈짜리 동전에 새겨진 한니발의 동생, 하스드루발 바르카의 모습. 그는 한니발이 역사적인 이탈리아 침공을 시작했을 무렵 에스파냐에 남아 있었으며, 훗날 이탈리아에서 한니발의 군대를 지원하려고 노력하다가 메타우루스강 전투에서 전사했다. (뮌헨 히르메르 사진문서고)

상밖의 해결책'을 선호했는데, 이는 전략의 다양한 요소들을 완벽하게 파악하고 있었기에 가능했다. 이런 그였기에 트레비아에서, 그리고 특히 칸나이에서 로마를 상대로 완벽한 승리를 보장하는 독창적인 전략을 펼칠 수 있었던 것이다. 스키피오 아프리카누스(Scipio Africanus)가 등장하기 전까지는 그 어떤 로마인도 한니발과의 전투에서 감히 승리를 기대할 수 없었을 것이다.

로마인들의 용기와 굳은 신념, 그리고 수적 우위조차 로마의 지휘관들과 한니발 사이에 존재하는 지적인 간극을 메우지는 못했다. 한니발이 이 자존심 강한 로마인들에게 심어놓은 깊은 좌절과 수치심은 그들이 한니발의 놀라운 능력을 '카르타고인의 마법'이라고 불렀던 사실만 보더라도 잘 알 수 있다. 결과적으로 한니발이 로마와 로마동맹을 파괴하는 데 실패했다 하더라도 이탈리아 전투에서 그가 이룬 업적을 깎아내릴 수는 없다. 제2차 포에니 전쟁이 사실상 '한니발 전쟁'이며, 그가 이 전쟁으로 오늘날에 이르기까지 역사상 가장 뛰어난 지휘관으로 평가받고 있는 것은 모두 이러한 이유 때문이다.

## 로마의 집정관

정치와 군사를 분리하는 카르타고의 전통을 로마 공화국에서는 찾아볼 수 없다. 사실 누가 군단을 지휘할 것인가의 문제와 한니발에 대항하기 위해 어떤 전략을 채택할 것인가의 문제는 BC 218~BC 216년에 걸쳐 로마 정치의 주요 화두가 되었다. 로마는 매우 견고하게 조직되어 있었고 여러 자원을 국가의 방어를 위해 사용할 수 있었지만, 본질적으로 헌법이 직업군인 계급의 출현을 가로막고 있었다. 따라서 군의 지휘권은 직업군인이 아니라 매년 선출되는 집정관 두 사람에게 있었다. 그들은 로마의 법 '렉스 게누키아(Lex Genucia)'에 따라 첫 번째 선출 후 10년이 지나기 전까지는 다시 선출될 수 없었다. '임페리움(imperium, 로마의 행정·군사·민사·형사의 최고집행권을 말하며, 그 중에서 가장 중요한 것은 군대 지휘권이다)'은 로마 군단을 지휘할 수 있는 권력과 전쟁을 수행할 의무가 있는 집정관들에게 있었지만, 군사 능력만으로 집정관을 선출하는 경우란 거의 없었다.

집정관을 선출할 때는 후보자의 가문이 그보다 훨씬 더 중요했다(물론 이것이 일반적이긴 했지만, 빛나는 배경이 없는 사람들도 집정관을 열망했으며 실제로 그 자리에 오를 수 있었다는 것을 다음에서 보게 될 것이다). 결과적으로 로마 장군들의 군사 경험은, 특히 대규모 군대를 지휘하는 데 있어서 여러 해 동안 계속 복무해온 한니발과 그의 참모들의 전문적 지식에 비하면 상당히 제한적일 수밖에 없었다. 물론 그렇다고 해서 그들을 아마추어라고 비웃을 수는 없다. 그들은 모두 나름대로의 군사 경험이 있었다. 고위 관직에 오르려는 정치적 야심가라면 5년 내지 10년간 군단 장교로 복무해야만 하는 것이 로마의 관습이었다.

그러나 로마의 시스템은 상황에 따라 융통성 있게 적용되었다. BC 217

년에 전쟁이 계속되는 동안에는 군사적으로 검증된 전직 집정관들이 10년 이내에도 재선될 수 있도록 렉스 게누키아(로마 헌법)는 잠정적으로 중단되었다. 또한 명령권자가 엄격하게 해마다 한 번씩 바뀐 것도 아니었다. 당시 로마에서는 필요에 따라서 집정관의 임페리움을 연장할 수도 있었다. 오히려 명령권을 연속적으로 보장하는 것이 더 바람직한 전시 상황에서는 임페리움의 연장이 훨씬 더 보편적이었다. 전시에는 당연히 한 집정관이 명령권을 오래 소유할수록 더 효과적으로 일을 처리할 수 있었다. 어쨌든 이 책에 등장하는 도표들이 보여주듯이 한니발 전쟁의 초기 2년 동안 로마인들은 엄청난 대가를 치르면서 이른바 '학습 곡선'의 향상을 이룰 수 있었다.

사실 제2차 포에니 전쟁 이전까지 로마의 군사적 성공은 대부분 장군들의 자질 부족을 "극복하고" 이루어진 것이었다. 사실 로마 군단 특유의 전술 시스템은 집정관의 전략적 한계와도 관련이 있었을 것이다. 로마군의 기강과 효율성은 대체로 지휘관들의 이러한 한계를 보완해주었고, 적군을 아군 진영의 중심으로 몰아넣는 로마군의 표준 전술만으로도 당시로선 어느 정도 승전을 보장해주었던 것이다. 그러나 한니발과 같은 천재적인 전략가와 만났을 때 로마의 전략전술은 충분히 간파될 수 있는 것이기에 오히려 로마군에겐 독이 될 수 있었고 결국 비참한 결과로 이어졌다. 그와 같은 상황에서 로마의 부적절한 전술체계는 그 한계를 드러내고 말았다. 로마군의 개별적인 용맹성은 그다지 의심의 여지가 없지만 그들은 전통적인 전술에만 지나치게 얽매어 있었다.

20세기 최고의 군사평론가로 꼽히는 리델 하트(Basil Liddell Hart)경은 당시 로마군의 전술을 '훌륭하고 정직하며 무조건적인 것'이었다고 표현한 바 있다. 한니발의 군사적인 자신감도 부분적으로는 로마군의 전술적 한계에 기인한 것이라는 사실에는 의심할 여지가 없다. 한니발은 실제로 트레비아 전투에 앞서 로마군대를 '병법의 문외한들'로 묘사한 적이 있다.

## 퀸투스 파비우스 막시무스

여러 해에 걸쳐 한니발과 전쟁을 치르는 동안 빚어진 혼란과 굴욕의 로마사에서 홀로 우뚝 빛나는 로마인이 있었으니, 그가 바로 퀸투스 파비우스 막시무스(Quintus Fabius Maximus, BC 260~BC 203)이다. 이러한 평가는 로마의 생존과 궁극적인 승리에 그가 공헌한 바를 바탕으로 그의 사후에 이루어진 것이다. 확실히 전쟁 당시에 파비우스는 로마의 기득권층과 대중들 사이에서 별로 인정을 받지 못했다. '지연자(遲延者)'라는 뜻의 '쿤크타토르(Cunctator)'라는 별명이 그를 칭하는 표현으로 맨 처음 사용되었다. 파비우스가 오명을 벗고 그 별명이 오히려 명예롭게 불리게 된 것은, 원로원에서 그의 정책이 다시 채택되어 효력을 발휘하게 된 칸나이 전투 이후부터였다.

BC 217년 트라시메네(Trasimene) 호수의 참패 이후 사령관의 자리에 다시 선출될 때까지, 퀸투스 파비우스 막시무스는 실로 많은 경험을 했다. 그는 이미 BC 233년과 BC 228년에 두 번이나 집정관의 자리에 올랐으며 BC 230년에는 감찰관(Censor)으로 선출되기도 했다.

플루타르크(Plutarch)에 따르면, 그가 선출된 것은 "그만이 그 자리에 맞는 정신과 고귀한 인품을 지녔다"는 인식 때문이었다. 폴리비우스도 비슷한 맥락에서 그를 "타고난 능력이 뛰어나고 상황판단이 빠른" 인물로 설명하고 있다. 비록 파비우스는 군사적으로 천재가 아니었지만 한니발이라는 뛰어난 인물로부터 로마를 구하기 위해 매우 독특한 전략을 펼쳤다. 그는, 한니발이 시작하는 전투를 로마가 계속해서 "받아들이기만 하다가는" 반드시 패전할 것이라는 결론을 내렸다. 그리고 한니발에 맞서기 위해 자신의 권한을 이용하여 새로운 전략을 시행했다. 이 전략은 사실, 그가 전쟁 초반에 비난을 감수하면서까지 카르타고 군대와 전면전을 벌여서는 안 된다고 주장할 때부터 이미 예견된 것이었다. 그는 지연작전을 사용하여 한니발의 진을 빼놓을 생각이었다. 요컨대 그의 계획은 로마군의 막

퀸투스 파비우스 막시무스 (BC 260~BC 203)는 제2차 포에니 전쟁에서 로마를 구했다. 그가 트라시메네 호수의 전투 이후 한니발과의 전투에 말려들지 않기로 작정하면서부터 그는 '지연자'라는 뜻의 '쿤크타토르'라는 별명으로 불리게 되었다. 여기에는 원래 경멸의 뜻이 담겨 있었지만, 칸나이 전투의 참패 이후 파비우스의 전략이 옳았다는 것을 로마인들이 인정할 수밖에 없는 상황이 되자 곧 명예로운 칭호로 탈바꿈했다.

대한 식량과 병력을 충분히 활용하자는 것이었다.

이것이 전적으로 옳은 전략이었다는 것을 이해하는 사람은 당시만 해도 몇몇에 불과했다. 대부분의 사람들은 파비우스의 전략을 못마땅해했는데, 그것이 곧 장기전을 의미했기 때문이었다. 파비우스의 전략은, 방어보다 공격을 중시하면서 결정적인 전투에서 승리하여 적을 무릎 꿇게 만드는 로마의 전통적인 전쟁방식에 어긋나는 것이었다. 그러나 칸나이 전투 이후 '파비우스식 전략'은 다시 채택되었고, 한니발이 마침내 로마를 떠난 BC 216년과 BC 203년 사이에 로마군은 두 번 다시 이탈리아 본토에서 그를 상대로 격전을 벌이지 않았다. 파비우스의 전략은 일종의 견제 정책이었다. 그러한 정책 덕분에 트레비아와 트라시메네, 그리고 특히 칸나이 전투의 참패 이후 로마는 승리를 거두지도 못했지만 적어도 패배하지는 않을 수 있었다.

| 양측 군대 : 카르타고군 vs 로마군 |

## 카르타고의 군대

역사가 폴리비우스는 로마군과 관련하여 우리에게 많은 정보를 제공해주었지만, 안타깝게도 카르타고군의 조직에 관한 자료는 현재 남아있지 않다. 카르타고 군대는 전문 지휘관의 명령을 받는 용병들이 중심이었고, 지휘관들은 대부분 카르타고의 토착민들이었다. 역사적으로 카르타고의 군대는 놀라울 만큼 다양한 민족들로 구성되곤 했는데, BC 216년의 한니발 군대는 주로 아프리카인들(발레아레스인들Balearics을 포함한)과 에스파냐인들, 알프스 남부 갈리아 출신의 켈트족들이 중심이 되었다. 이러한 군대가 여러 해에 걸쳐 보여준 활약은 한니발의 리더십뿐만 아니라 카르타고 지휘관들이 엄격한 규율과 전문적인 원칙을 가지고 다양한 국적의 군사들을 성공적으로 통솔했음을 증명한다.

튀니지 크수르에스사드(Ksour-es-Sad)에 있는 한니발의 군인 중 한 명의 무덤에서 출토된 것을 복원한 것으로, 장식이 화려한 3판 갑옷이다. 디자인은 남부 이탈리아, 그 중에서도 캄파니아(Campania) 지역에서 비롯된 것일 가능성이 크다. (튀니지 관광청)

양측 군대 : 카르타고군 vs 로마군

〈위〉 이 시기에 스페인 지역에서 가장 널리 사용되었던 검의 유형은 베고 찌르는 팔카타였다. 이따금씩 칼집에 넣어둘 때는 항상 왼편에 찼다.
〈아래〉 팔카타 손잡이의 철 장식을 확대한 사진. 손잡이의 안쪽은 원래 뼈로 되어 있었다.
〈오른쪽〉 BC 3세기~2세기 갈리아 전사들의 모습. 중앙의 인물은 얼굴 옆 부분에 커다란 보호판이 달린 청동 '몬테포르티노(Montefortino)' 투구를 쓰고 있으며 큰 창과 두 개의 작은 창, 검 하나를 가지고 있다. 말에 올라탄 전사는 플루타르크 영웅전에 나오는 내용을 기반으로 구성한 것으로, 그 책에서는 베르켈라이(Vercellae)의 킴브리(Cimbri)족 기병대의 모습를 묘사했는데 전체적으로는 끔찍한 짐승이 입을 크게 벌린 모양을 하고 윗부분에는 깃털을 꽂은 투구를 쓰고 있으며 흰 방패와 두 개의 작은 창, 크고 무거운 검을 들고 강철로 된 흉갑을 착용하고 있었다. (앵거스 맥브라이드의 그림)

아프리카인들 중에서도 보병의 핵을 이루었던 집단은 리비포에니키아(Lybyphoenicia)인들이었다. 이들은 아프리카의 여러 지역에서 충원되었으며 보병의 핵심 전력이었던 팔랑크스(phalanx, 고대 그리스의 방진方陣: 중장보병의 밀집대형)를 형성했다. 그들은 트라시메네 호수 전투 때까지만 해도 마케도니아식 표준 복장을 하고 있었던 모양이지만, 이후에는 한니

〈위〉 팔카타는 작은 보호용 막대로 덮힌 손잡이가 있고 날은 음각으로 장식되어 있다. 사진으로 보는 팔카타는 스페인의 알메리닐라에서 발굴된 것이다.
〈아래〉 당시 에스파냐 기병대가 사용했던 말 재갈들 중 하나

발의 지시에 따라 로마군의 갑옷을 갖추었다. 그들의 무기에 대해서는 아직도 의견이 분분하다. 어떤 이들은 긴 창을 들었을 것으로 추정하지만 또 어떤 이들은 더 가벼운 창류의 무기를 휴대했다고 주장하고 있다.

칸나이 전투에 참여한 보병들은 대부분 켈트족과 에스파냐 인들이었다. 켈트족은 BC 218년에 한니발의 부대에 편입되었다. 그들의 능력은 천차만별이라 개별적으로는 용감했지만 전체적으로는 그리 신뢰할 만하지 못했다. 한니발이 그들을 '방패막이' 정도로밖에 보지 않았던 것은 바로 이러한 이유와 그들의 엄청난 숫자 때문이었다. 칸나이 전투에 참여한 켈트족의 모습에 대한 설명들을 보면, 대다수가 군장을 하지 않은 채 방어구라고는 둥그런 가죽 방패 하나가 고작이었던 모양이다. 켈트족의 주 무기는 75~90센티미터 길이의 '베는(slashing)' 장검이었다. 아마도 그들 중 높은 계급 몇몇은 갑옷과 투구를 갖추었을 것으로 보인다. 한니발의 에스파냐 부대는 높이 평가받았으

〈위 왼쪽〉 갈리아인을 묘사하고 있는 이 테라코타는 한니발의 갈리아 용병의 모습을 아주 자세히 보여주고 있다. 가시모양의 돌기가 새겨진 커다란 방패와 허리에 찬 장검은 전형적인 갈리아 용병의 모습이다. 또 반바지를 입고 부츠를 신었다. (푸케Fouquet 컬렉션, 파리)

〈위 오른쪽〉 이 인물이 뽐내고 있는 긴 머리와 콧수염에서 엿볼 수 있는 켈트족의 거친 모습은 지중해 주변 민족들에게는 항상 두려움의 대상이었다. 전투에 임하는 켈트족은 종종 지나치게 광분하여 옷을 입지 않은 채로 싸우곤 했다. 이 석상에서는 당시 켈트족이 사용하던 검의 독특한 손잡이에 주목할 필요가 있다. (알베르티눔Albertinum, 드레스덴Dresden)

〈아래 왼쪽〉 1834년에 몬드라곤(Mondragon, 보클뤼즈Vocluse) 부근의 들판에서 발견된 갈리아 전사의 석회석상. 장식한 외투의 끝자락과 팔을 거대한 방패 위에 걸치고 있다. 외투를 이토록 화려하게 장식했음에도 이들은 옷을 입지 않은 채 전쟁을 벌였다. (칼베Calvet 박물관, 아비뇽Avignon)

〈아래 오른쪽〉 아마도 이탈리아 예술에서 갈리아인이 최초로 등장한 것은 '붉은 인물상 꽃병'부터였을 것이다. 세부적인 요소들을 살펴보면, 눈에 띄는 타원형 방패를 들고 있으며 '몬테포르티노' 형태의 투구를 쓰고 있다. 당시 켈트족이 사용했던 검의 이중 장식 손잡이는 정확히 관찰할 수 있지만, 그리스 '코피스'의 영향을 받은 칼날은 정확히 표현되어 있지 않다. (안티쿠아리움Antiquarium Inv. 398, 베를린)

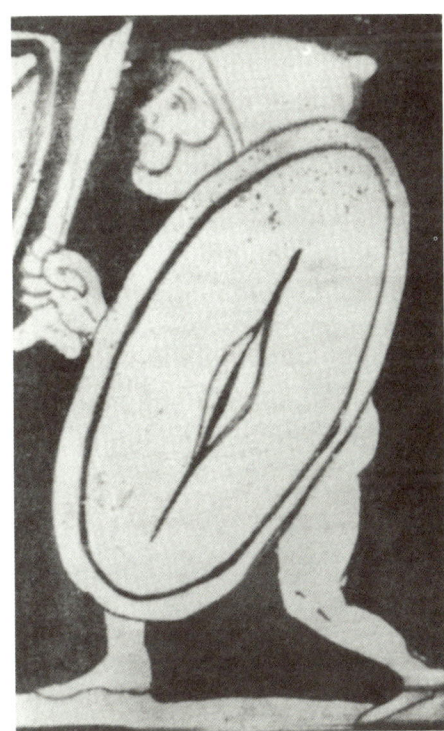

양측 군대 : 카르타고군 vs 로마군

〈50쪽 왼쪽 위〉 바세레스(Vacheres, 바스잘프Basses-Alpes)에서 발견된 갈리아 전사의 석회석상. 완전한 복장을 갖추고 있으며 쇠사슬 갑옷으로 중무장했다. 소매가 있는 튜닉을 눈여겨볼 만하다. (칼베 박물관, 아비뇽)
〈50쪽 오른쪽 위〉 에스파냐의 보병들은 그들이 가지고 다니는 방패 카이트라(caetra)에서 이름을 딴 '카이트라티(caetrati)'라 불렸다. (루브르, 파리)
〈50쪽 왼쪽 아래〉 이 부조에서 에스파냐 보병은 그리스의 코피스에 견줄 수 있는, 휘어진 사브레 형태의 검을 들고 있다. 역사가 리비우스는, 라틴어로 '무거운 방패'를 의미하는 스쿠툼(scutum)에서 이름을 따 에스파냐 보병을 '스쿠타투스(scutatus)'라고 불렀다. (국립 고대 박물관, 마드리드)
〈50쪽 오른쪽 아래〉 에스파냐인들 중에는 보병뿐만 아니라 기병도 있었다. 확실하지는 않지만, 이 부조를 보면 기수가 에스파냐식 휘어진 검처럼 보이는 무기를 들고 있다.
〈51쪽 왼쪽 위〉 누미디아 기병에 대한 묘사는 흔하지 않다. 이 로마 동전은 크레푸시우스(Crepusius)가 BC 82년경에 로마에서 주조한 것인데, 뒷면에 나타나 있는 기수의 정체는 알려져 있지 않다. 그러나 누미디아인일 가능성도 물론 배제할 수 없다. (대영 박물관)
〈51쪽 오른쪽 위〉 기병의 모습을 보여주는 타렌티네 동전. 로마의 지배에 학대받고 분개한 이탈리아의 도시들은 로마와의 동맹을 버리고 한니발 군대에 기병을 포함하여 여러 가지 군사원조를 해주었다. (대영 박물관)

며 주로 '스쿠타리(scutari)'로 구성되었는데, 이러한 명칭은 그들이 가지고 다니던 직사각형 모양의 방패 '스쿠툼(scutum, 로마의 군단병이 가지고 다니던 타원형 방패와 비슷하다고 붙여진 이름이었다)'에서 비롯된 것이었다. 폴리비우스와 리비우스에 따르면, 칸나이 전투에서 스쿠타리들은 에스파냐를 의미하는 보라색으로 가장자리를 장식한 흰색 면 튜닉을 입고 있었다고 한다. 에스파냐의 전술은 로마의 보병과 매우 비슷했다. 그들은 마치 비가 내리는 것처럼 일제히 창을 던진 뒤에 단검을 들고 공격했다. 단검의 종류에는 그리스의 '콥시스(kopsis)'로부터 비롯된 '팔카타(falcata)'라는 휘어진 외날검이나, 로마의 '글라디우스 히스파니엔시스(gladius hispaniensis)'의 원형인 찌르고 베는 곧은날검이 있었다.

한니발의 부대는 로마군과 수준이 달랐다. 그들은 고도의 훈련을 받았으며 적에게 큰 피해를 줄 수 있을 만큼 충분히 강했다. 발레아레스 제도(諸島) 출신으로 투석기를 운용하는 병사들은 특히 전장에서 중요한 역할을 담당했다. 이들은 두 개의 분대로 조직되어 각각 엄청난 힘을 발휘했는데, 사정거리에 따라 세 가지 유형의 투석기를 사용했다. 그 정확도와 화력은 실로 대단해서 활보다 훨씬 유용하게 사용되었다.

그러나 한니발 부대의 중추를 이룬 것은 기병대였다. 고대의 누미디아인들은 당시 가장 뛰어나고 날렵한 기수들이었다. 그들은 고삐도 없는 말에 올라 말의 목에 감아놓은 밧줄과, 무릎의 힘, 작은 채찍만으로 말을 몰았다. 타고난 기수들이었던 이들은 적진 가까이까지 달려가 창을 던졌으나 결코 근접 전투에 휘말리지는 않았다. 이들은 소규모 전투에서 특히 뛰어난 능력을 발휘했는데, 한니발은 트레비아의 예에서처럼 누미디아 기병대의 독특한 전투 방식을 로마인들을 전투로 끌어들이는 데 이용했다. 이 특이한 전법은 번번히 로마인들의 화를 돋구었다. 한니발은 누미디아인들을 활용함으로써 미처 전투 준비도 끝내지 못한 로마인들을 자극하여 전투로 끌어들이곤 했다. 실제로 트레비아 전투에서는 로마 진영의 바로 건너편에서 그들이 조롱하고 비아냥거리는 바람에 셈프로니우스는 싸울 준비도 완전히 갖추지 못한 부대를 이끌고 성급히 전투에 뛰어들었다.

칸나이 전투에서 켈트족과 에스파냐의 기병들은 한 부대로 편성되었다. 켈트족 기병은 귀족들과 그 측근들 중에서 모집했기 때문에 비싼 갑옷과 무기, 투구 등을 착용하고 있었다. 에스파냐 기병대는 보병과 거의 유사한 복장을 하고 있었는데, '팔카타'와 긴 창을 들고 싸웠으며 방어용으로는 작은 방패를 가지고 있었다. 전투가 실제로 벌어질 때까지 한니발은 이런 개별적인 기병들을 잘 훈련시켜 규율을 갖춘 하나의 기병대로 통제

하는 데 성공했다. 그 증거는 전투 자체에서 찾아볼 수 있다. 한니발은 전투가 한창일 때에도 켈트족과 에스파냐의 기병들을 통제하여 전장의 다른 곳으로 방향을 바꿔 신속하게 투입할 수 있었다.

## 로마의 군대

한니발이 모집한 용병들과는 달리, 한 해 동안 작전을 수행하기 위해 모집한 로마군의 핵심은 로마 공화국의 유산계급 시민으로 구성된 중장(重裝)보병, 즉 '징집병'들이었다. 자격이 있는 사람들에게는 로마를 방어할 병역의 의무가 곧 사회적 책임이자 개인의 영광이며 지위의 상징이었다. 한니발이 공격할 무렵, 로마의 병역은 시민들에게만 제한되어 있었다. 그러나 로마가 이전 세기에 이탈리아 전역으로 세력을 넓혀감에 따라 동맹국들이나 심지어 과거 적성국가의 시민들까지 완전한 혹은 부분적인 시민권을 획득했다. '부분적인 시민권'이란, 병역의 의무를 포함하여 시민의 권리와 의무는 있었지만 정치적 권리는 없는 경우였다. 이를 통해 얼마만큼의 병력이 제공되었는가는 폴리비우스의 기록을 통해 확인할 수 있다.

폴리비우스에 따르면, 로마는 BC 225년에 오로지 로마와 캄파니아에서만 25만의 보병과 2만 3,000명의 기병을 충당할 수 있었다고 한다. '소키이(Socii, 고대 로마와 동맹을 맺은 이탈리아의 도시—옮긴이)'를 비롯한 동맹국 병사들은 로마의 시민군단과 함께 복무하면서 이 시기 로마군에게 없어서는 안 될 중요한 역할을 담당했다. 로마의 동맹국들은 조약에 따라 로마의 요청이 있을 경우 즉시 군대를 제공해야만 했다.

## 군단

이 시기 로마 군단의 조직과 편제를 확인할 수 있는 가장 중요한 자료는 그리스 역사가 폴리비우스의 책이다. 그는 자신의 저서 『역사(Histories)』

## 이 시기(BC 218~216)의 로마 군단 현황

이 표는 한니발 전쟁이 발발하고 첫 2년 동안 원로원에 의해 양성된 군단을 정리한 것이다. 예컨대 '군단1'의 내용은 폴리비우스가 전쟁 초기에 첫 번째 군단을 구체적으로 설명하는 방식이다. 여기서도 이 방식을 따랐다.

이 시기의 로마 군단은 평상시처럼 가을에 흩어졌다가 이듬해 봄에 다시 모이지 않고 겨울에도 계속 전장에 남아 있었다는 사실에 주목할 필요가 있다. 군단의 징집에 관한 정보는 주로 리비우스의 자료에 따른 것이다. 물론 이 표는 절대적인 것이 아니며 다른 해석들도 얼마든지 가능하다.

**군단1** 폴리비우스에 따르면, 군단1은 집정관 루키우스 만리우스(Lucius Manlius)의 지휘 아래 알프스 남부에 자리잡고 있었다. 정확하게는 로마의 '제4군단'을 지칭한다. 그 전 해인 BC 219년에 모집되어 포 계곡에서 겨울을 보낸 것으로 보인다. 훗날 스키피오의 지휘체제 아래 편입되었다. 트레비아 전투 이후, 패잔병들은 크레모나와 플라켄티아로 도망처 그곳에서 겨울을 났다. BC 217년 봄에 이들은 아리미눔(Ariminum)에서 게미누스(Geminus)와 합류했다가 파비우스가 독재관(총사령관)이 된 후에는 그에게 넘겨졌다. BC 217년에서 216년으로 넘어가는 겨울에는 게루니움에서 게미누스의 지휘 아래 있었다. BC 216년 봄과 초여름 사이 최고 5,000명까지 모집되었다. 칸나이 전투에 참여했다.

**군단2** 원래 코르넬리우스 스키피오가 모집한 군단 중의 하나였다. 군단1을 구원하기 위해 집정관 가이우스 아틸리우스(Gaius Atilius)의 지휘 아래 알프스 남부로 파견되었다. 당시 군단1은 보이의 켈트족에게 포위공격을 당하고 있었다. 후일 스키피오에게 넘겨졌다. 나머지는 군단1에 편입되었다.

**군단3** 시칠리아와 아프리카에서 복무시키기 위해 셈프로니우스가 모집했다. 이탈리아로 돌아와서는 다시 북쪽으로 진격하여 트레비아 전투에 참여했다. 나머지는 BC 217년 초에 플라미니우스(Flaminius)에 넘겨졌다. 트라시메네 호수 전투에서 거의 대부분이 전사했다.

**군단4** 상동(上同).

**군단5** 원래 코르넬리우스 스키피오가 모집한 두 번째 군단이었다. 스키피오의 지휘 아래 남부 갈리아로 이동했다. 그의 동생 그나이우스 스키피오(Gnaeus Scipio)의 통제 아래 에스파냐로 보내지기도 했다. BC 211년에 거의 대부분이 전사했다.

**군단6** 군단2를 대체하기 위해 새로 모집된 군단이었다. 코르넬리우스의 지휘 아래 남부 갈리아로 이동했다. 그의 동생 그나이우스 스키피오의 통제 아래 에스파냐로 보내지기도 했다. BC 211년에 거의 대부분이 전사했다.

**군단7** 트레비아 전투 이후에 모집되었다. 시칠리아를 점령하려는 카르타고의 시도를 미연에 방지하기 위해 그 섬으로 파견되었다.

**군단8** 트레비아 전투 이후에 모집되었다. 군단7과 마찬가지로 카르타고의 상륙을 방지하기 위해 시칠리아에 파견되었다.

**군단9** 트레비아 전투 이후에 모집되었다. 사르데냐를 되찾으려는 카르타고의 시도를 저지하기 위해 그 섬에 파견되었다.

**군단10** BC 217년 봄에 모집되어 집정관 플라미니우스의 병력이 되었다. 트라시메네 호수 전투에서 모두 전사했다.

**군단11** 상동.

**군단12** BC 217년 봄에 모집되어 집정관 게미누스의 병력이 되었다. 아리미눔에서 그와 함께 했다. 트라시메네 전투 이후에는 남부로 내려가 파비우스와 합류하라는 명령을 받았다. 나중에 게미누스가 군단에 대한 지휘권을 다시 넘겨받았다. BC 217년과 216년 사이 겨울에는 게루미눔에 주둔했다. BC 216년 봄과 초여름 사이에 최대 5,000명까지 모집되었다. 칸나이 전투에 참여했다.

**군단13** 상동.

**군단14** '비상시를 대비해 징집된' 4개 군단 중의 하나였다. 파비우스의 지휘 아래 로마 북부에 있던 게미누스의 4개 군단(군단1, 2, 그리고 12와 13의 나머지 병력)과 합류했다. 그 뒤에 다시 남부로 보내졌다. BC 217년과 216년에 걸친 겨울 게루미눔에 주둔하는 동안, 지휘권은 게미누스에서 레굴루스(Regulus)로 넘겨졌다. BC 216년 봄과 초여름 사이에 최고 5,000명의 병력이 모집되었다. 칸나이 전투에 참여했다.

**군단15** 상동.

**군단16** '비상시를 대비해 징집된' 4개 군단 중의 하나였다. 군단14나 15와는 달리 로마에 잔류했다. 여름에는 바로(Varro)와 파울루스(Paulus)에 의해 남쪽으로 파견되어 게미누스와 레굴루스가 지휘하는 군단과 합류했다. 군단16과 17을 '도시 군단'이라 한다면, 병력의 성격상 그들은 BC 216년 전쟁에는 적합하지 않았을 것이다. 만약 군단20과 21이 새로운 형태의 적절한 체계를 갖추어 징집되었다면 군단16과 17보다는 더 많은 훈련이 되어 있었을 것이다. 이러한 가정이 사실이라면, 칸나이 전투 이후에는 군단20과 21이 군단16과 17보다는 더 직접적으로 전투에 활용되었을 것이다.

**군단17** 상동(군단17은 로마 내에서 수비의 임무를 수행하기 위해 모집된 도시 군단 중 두 번째였다. 군단16과 마찬가지로 칸나이 전투에 참여하지 않았을 수도 있다).

**군단18** BC 216년에 로마에서 추가로 모집한 4개 군단 중 하나였다. 군단19와 더불어 군단18은 BC 216년 초에 집정관 포스투미우스 알비누스(Postumius Albinus)의 지휘 아래 포 계곡으로 파견되었다.

**군단19** 상동.

**군단20** 전례 없이 BC 216년에 전쟁을 위해 모집된 4개의 '추가 군단' 중 세 번째였다. 전쟁에 참여하지 않고 로마에 남아 있었다. 군단20과 21은 칸나이 전투 이후 로마가 전쟁의 여파를 직접적으로 해결하기 위해 손쉽게 이용한, 유일하게 훈련된 부대였다. (그러나 군단20은 칸나이 전투에 참여하여 모두 전사했을 가능성도 있다.)

**군단21** 상동.

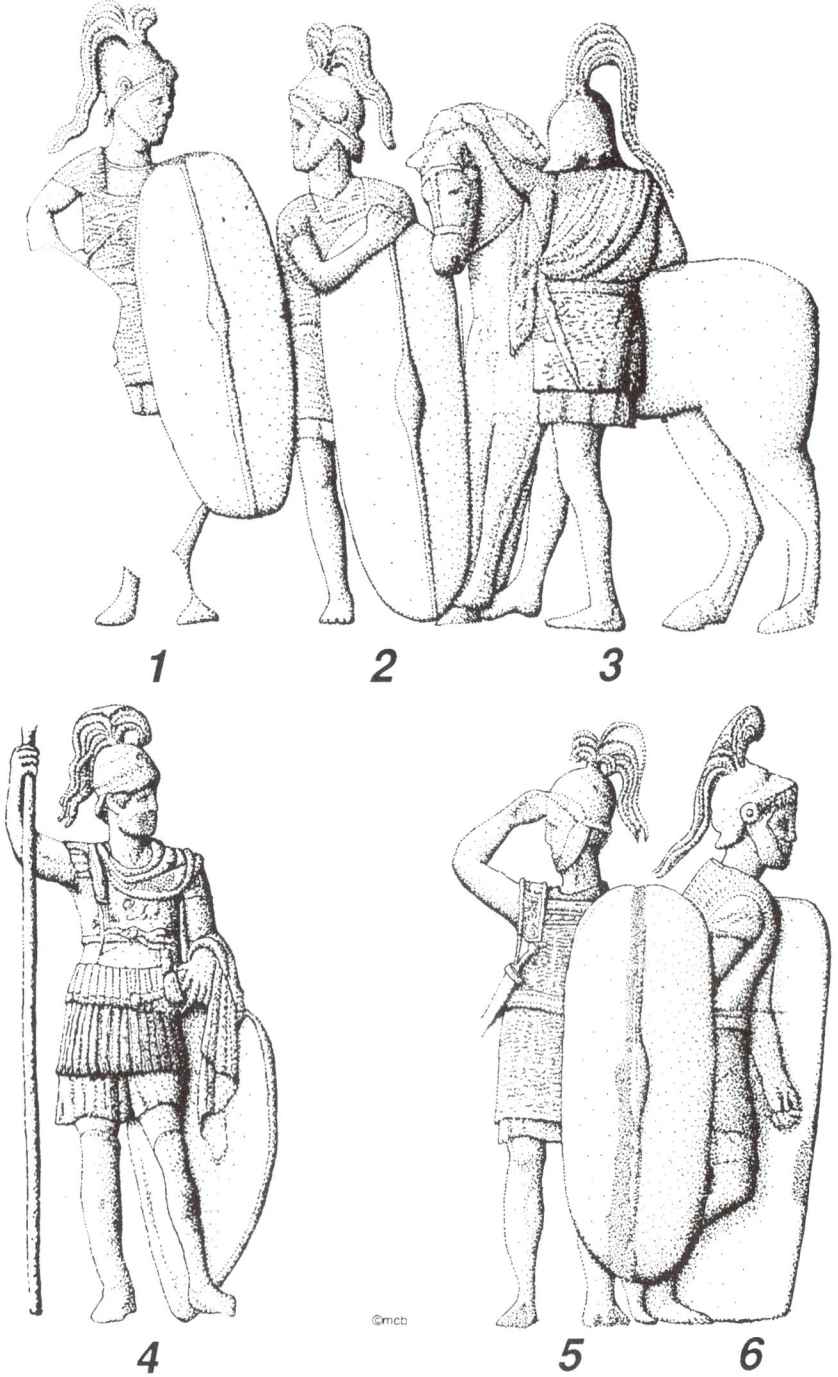

중기 로마 공화정 병사들의 모습을 명확하게 보여주는 자료는 매우 적다. 칸나이 전쟁 당시 로마 군단의 모습은 중요한 두 가지 자료에 크게 의존하고 있다. '도미티우스 아헤노바르부스(Domitius Ahenobarbus)의 제단'과 '아이밀리우스 파울루스(Aemilius Paullus)의 기념비'가 바로 그것이다. 이 두 가지 유물은 모두 칸나이 전쟁 이후에 제작된 것이다. 전투에 참여한 군단의 모습은 위의 그림과 매우 흡사했던 것으로 추정된다. 그림 1, 2, 5, 6은 프린키페스(principes)와 트리아리(triarii)에 소속된 군단병의 모습을 표현하고 있다. 그림 3은 외형상으로 볼 때 포에니 전쟁 이후 로마 기병의 모습에 더 가깝다. 그림 4는 독특한 헬레니즘 형식의 갑옷을 입고 있는 장교의 모습을 그리고 있다. 흉갑의 디자인으로 보건대 고급 장교를 표현한 것일 수도 있다. (M. C. 비숍Bishop 박사의 자료)

양측 군대 : 카르타고군 vs 로마군

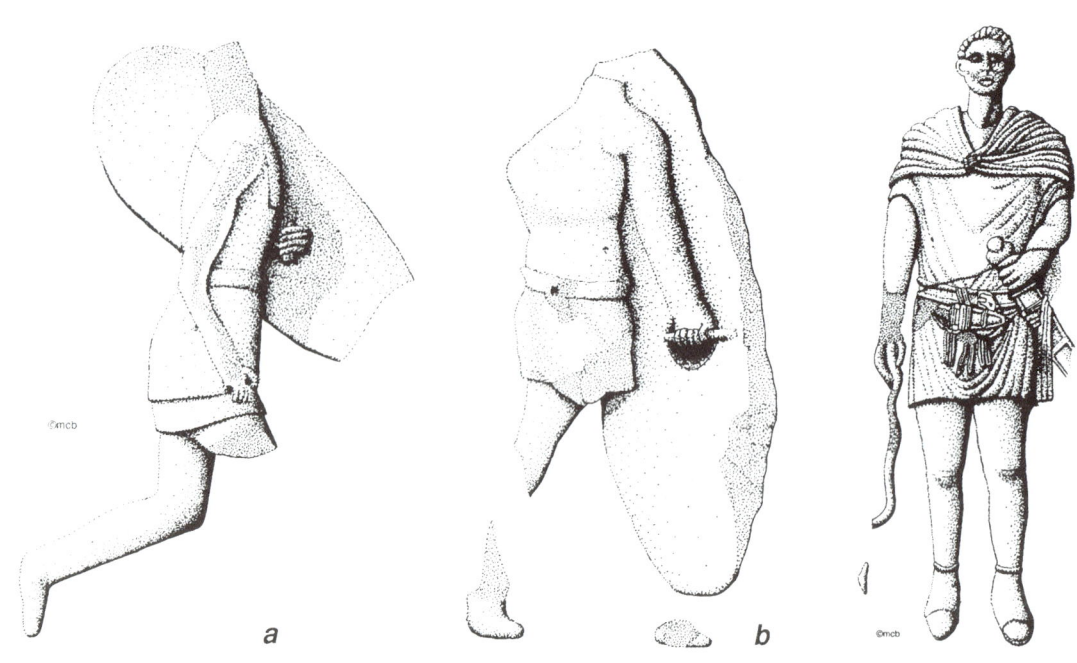

**〈57쪽〉** 이 그림은 칸나이 전쟁 당시 로마 보병의 모습을 표현하고 있다. 인물 1은 트리아리우스(triarius, 제3선 보병)의 모습으로 프린켑스(princeps, 제1선 보병)와 달리 긴 창을 가지고 있었다. 이 인물은 트리아리우스가 전장의 후방에 배치되었을 때 취하는 전통적인 자세를 잘 보여주고 있다. 인물 2는 프린켑스의 모습을 그리고 있다. 프린켑스는 트리아리우스처럼 약 15킬로그램이나 되는 무거운 갑옷을 입고 있었으며, 하스타투스(hastatus, 제2선 보병)와 마찬가지로 무거운 창과 가벼운 창을 함께 가지고 있다. 하스타투스에 대해서는 구체적인 사료가 없다. 다만 칸나이 전투에서는 갑옷 상의를 제외하고 프린켑스가 구비하고 있는 모든 장비를 갖추고 있었던 것으로 추정된다. 하스타투스의 방어구는 청동 흉갑으로 한정되어 있었다. 인물 3은 벨리테(velite)를 표현하고 있으며 BC 211년 병제(兵制)개혁 이후에 등장했을 것으로 추정된다. 벨리테의 전신(前身)이라고 할 수 있는, 칸나이 전투에 참여했던 로마의 경보병들은 아마도 창만 들었을 뿐 그 어떤 형태의 보호장비도 갖추지 않았을 것이다. (리처드 후크의 그림)

**〈58쪽 왼쪽〉** 그리스 델피에 있는 아이밀리우스 파울루스의 기념비에 새겨진 이미지들이다. 두 가지 모두 그리스의 린넨 갑옷을 모방한 갑옷 상의를 입고 있다. 방패를 가지고 다니는 모습과 잡는 손 모양을 알 수 있다. (M. C. 비숍 박사의 자료)

**〈58쪽 오른쪽〉** 파도바(Padova)에 있는 미누키우스(Minucius)의 비석에 나타난 로마군 백부장(百夫長)의 모습. 갑옷을 입지 않은 채 짧은 검을 착용하고 있으며, 계급을 상징하는 포도나무 막대기를 들고 있다. (M. C. 비숍 박사의 자료)

중 여섯 번째 권의 일부를 로마의 군사제도를 설명하는 데 할애했다. 이 책은 BC 160년경에 기록되었지만, 한니발 전쟁이 끝나갈 무렵 로마 군단의 모습에 대한 그의 설명은 상당히 신뢰할 만한 것으로 평가받고 있다. 그러나 그가 묘사한 세부사항들 중 일부는 BC 160년이나 잘해야 BC 202

년에 해당될 만한 것들이다. 따라서 그의 기록이 BC 216년에서 216년 사이의 군단 형태와 반드시 일치한다는 보장은 없다.

로마 군단의 모집은 매해 3월에 시작되었는데, 전통적으로 로마력에서 3월이란 전쟁을 개시하는 시기를 의미했다. 병력 모집의 모든 절차는 새롭게 선출된 두 명의 집정관(또는 최고 행정장관)이 주관했다. 로마의 최고 군사결정권인 '임페리움'이나 그 밖의 권력적 지위를 이용하여 그들은 매년 4개의 새로운 군단을 모집했고, 그 해 전장에서 그 병력을 직접 지휘했다. 집정관은 먼저 여러 대중들 앞에서 자신을 소개하고 난 뒤에 적절한 나이의 시민들이 선발과 재입대를 위해 입영해야 할 날짜를 발표했다. 로마 초기에는 이러한 발표가 카피톨리네(Capitoline) 언덕에서 이루어졌지만, 이후 3세기 말에 이르기까지 이와 동일한 절차는 로마를 구성하는 영토 전역으로 확대되었다. 징병 시기에 대한 집정관의 명령은 군단에서 복무하게 될 보병과 기병의 상세한 모집 규모와 함께 동맹국의 지도자들에게도 동시에 전달되었다.

### | 기병대 |

폴리비우스의 기록에 따르면, 로마에서는 가장 부유한 시민들 중 약 1,200명이 총소집령인 '딜렉투스(dilectus, 모병행사: 모병 대상자들에 대한 총소집령을 내린 뒤, 그 가운데서 가장 적합한 후보자들을 선발하는 절차)'에 앞서 감찰관에 의해 기병대(equites)의 일원으로 선발되었다(에퀴테스는 원래 기병 騎兵이나 기사 騎士를 의미했지만, 제2차 포에니 전쟁 무렵부터 세력이 커지면서 원로원 다음가는 고위층이 되었고 제정시대에는 황제 직속 고급관료의 지위를 차지했다—옮긴이). 이는 한니발 전쟁 내내 뛰어난 전투력으로 전장에서 결정적인 역할을 했던 '카르타고식' 기병대를 경험한 로마인들이 기병의 중요성을 절감하면서부터 시행된 제도로 보인다. 한니발은 기병대를 엄하게 훈련시켰으며, 그의 기병대가 보유한 엄청난 위력과 전문적인 기술들은

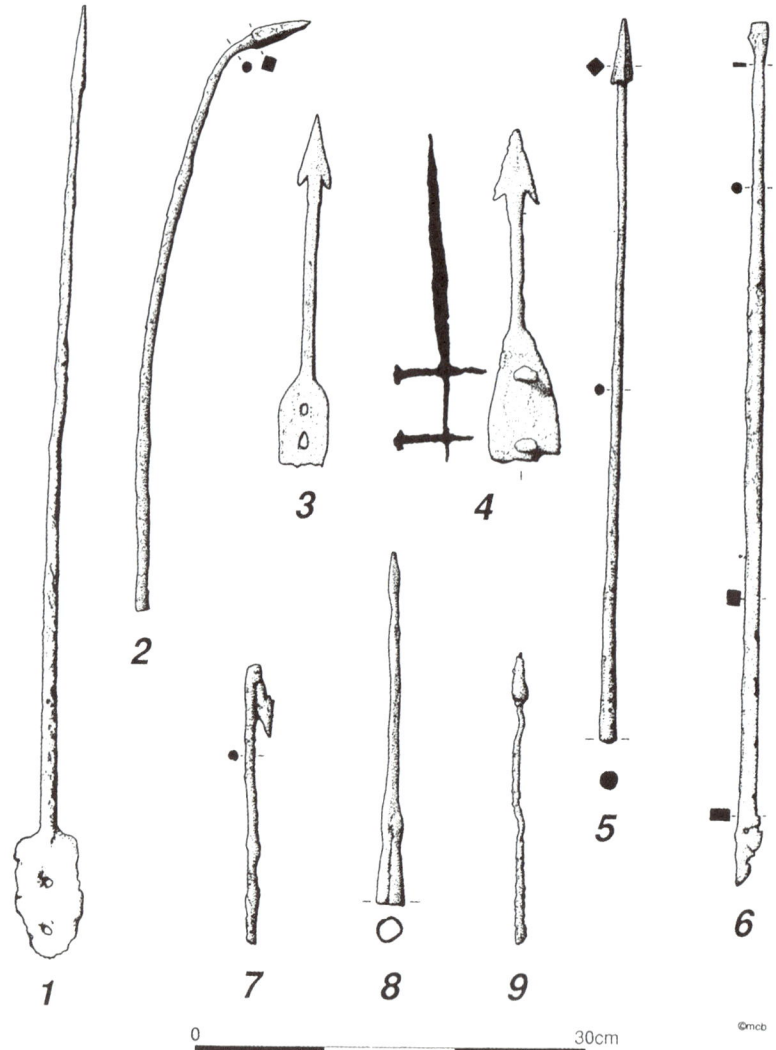

다음 그림들은 여러 장소에서 발굴된 로마군의 투창 필라(pila)를 묘사한 것이다. 현재까지 가장 오래된 필라는 3세기의 것으로 이탈리아의 텔라몬(Telamon)에서 발견되었다. 1번부터 5번까지는 누만티아(Numantia), 2번은 카세레스 엘 비에죠(Caceres el Viejo), 3번은 크란(Kranj), 4번은 앙트르몽(Entremont)에서 발굴되었다. (M. C. 비숍 박사의 자료)

칸나이 전투에 이르기까지 로마군을 상대로 한 모든 전투에서 결정적인 승리 요인으로 작용했다.

반면에 전쟁 초기의 로마 기병대는 초라하기 그지없었다. 이는 로마군에게는 진정한 의미로서의 기병대 전통이 없었으며, 시민들로 이루어진 중장보병에 전술적 기반을 두고 있었음을 의미한다. 당시 로마 군대에는

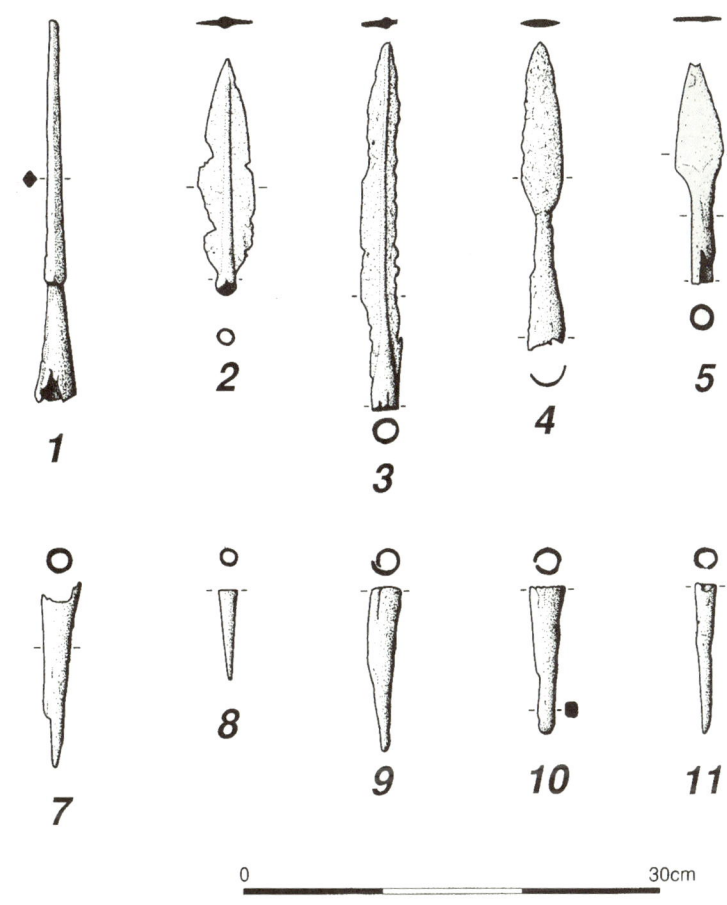

칸나이 전투 무렵에는 트리아리만 창을 사용했다. 이는 로마군에 방진(方陣)이 유행하던 시기로부터 비롯된, 시대에 뒤떨어지는 무기였다. 1번부터 6번까지는 창촉을, 7번부터 12까지는 창의 밑부분을 그린 것이다. 모두 스페인의 누만티아와 카세레스에서 발견되었다. (M. C. 비숍 박사의 자료)

보병에 비해 상대적으로 매우 적은 비율의 기병만 존재했다는 사실이 이를 분명히 입증하고 있다. 전쟁 초기에 로마군은 각 군단마다 겨우 300명의 기병만을 보유하고 있었다. BC 218년에 스키피오 1세(Publius Cornelius Scipio)가 에스파냐를 향할 때에도 그는 2만 2,000명의 보병과 함께 고작 2,200명의 기병만 데리고 갔다. 기병의 수가 보병의 10분에 1에 불과했던 것이다. 반면에 한니발의 보병과 기병 비율은 죽음을 무릅쓴 알프스 행군 이후에도 대체로 10 대 3 정도를 유지했다. 결국 이러한 편제의 차이는 무척이나 큰 결과의 차이를 야기했다.

여러 전투들, 특히 트라시메네 호수 전투에서 로마군의 패배에 결정적인 원인을 제공한 것이 바로 무력한 기병대였다. 로마의 기병대는 수적으로도 열세였을 뿐만 아니라 질적으로도 그다지 미덥지 못했다. 로마의 기병들은 기술이 부족했으며 말의 질도 떨어졌다. 결국 로마군이 이러한 약점을 보완하기 위해 동맹국들에게 도움을 요청한 것도 무리는 아니었다. 동맹국들은 전투에 투입되는 로마 기병대의 수적 불균형을 크게 보완해주었다. 이처럼 로마군은 스스로의 약점을 깨달았고 이를 보완해야 할 필요성을 절감했다. 훗날 스키피오 2세는 누미디아 왕자 마시니사(Masinissa)와 그의 훌륭한 경기병대가 카르타고가 아닌 로마를 위해 헌신하도록 유혹하는 데 열과 성을 다했다.

## 보병대

'페디테스(pedites, 보병대)'를 뽑기 위한 총소집령(dilectus) 날짜가 지정되면, 로마의 17세에서 46세 사이의 모든 남자 시민들은 그날 로마령 전역의 지정된 장소에 모습을 드러내야만 했다. 대부분의 사람들은 처음으로 딜렉투스를 경험하는 것이겠지만 그 중의 일부는 6년의 의무 복무기간을 채우기 위해 다시 입대하러 모인 것이다. 전쟁이 발생했을 경우에는 (참고로, 지중해 지역의 전통적인 전투 시즌은 3월에서 10월 말까지였으나 이러한 전통은 점차 희미해져갔다) 이 복무기간이 한꺼번에 부과된 것으로 보인다(원래 군복무는 기본적으로 1년 단위 소집이 원칙이었다. 그러나 전쟁이 지속되면 최대 의무기한인 6년까지도 연장되었다—감수자). 왜냐하면 이러한 군단들은 전쟁의 위급 상황에 대처하기 위해 이탈리아 본토 밖의 원격지에 배치되었기 때문이다.

훗날 연속적인 군복무가 빈번해지자, 군단 병력의 대부분을 형성했던 소규모 자영농들의 장기적인 부재는 로마에 심각한 사회적·경제적 손실을 초래했다. 일반적으로 6년을 다 채우고 나면 군인의 신분에서 해방될 수 있었으나 그 후로도 16년 동안에는 때때로 국가의 위기상황에 '호출'을 받을 수 있었다. BC 216년, 로마는 전례 없이 8개 군단(매년 일반적으로 4개 군단이 편성되었다)을 전투에 투입하기로 결정하면서 이 '에보카투스(evocatus) 제도'는 매우 엄격하게 적용되었던 것으로 보인다.

대부분 농부 출신이었던 로마 병사들은 의무 복무기간을 다 채우면 즐겁게 자신들의 논과 밭으로 돌아갔지만, 여러 가지 이유에서 재입대를 하고 6년 이상의 군복무를 자원하는 사람들도 있었다. 장기적인 병력 자원이자 경험이 풍부한 이들은 유력한 백부장 후보들로서 군단의 중추적 역할을 담당하며 군단이 요구하는 '연속성'을 담보했다. BC 200년 이후로 그들과 관련된 문서 자료들은 지금까지 남아 있지만, 제2차 포에니 전쟁 당시의 기록은 전혀 발견되지 않았다. 하지만 16년간의 한니발 전쟁 기간 동안 로마에서 소집된 병력들 중에서 많은 수가 장기복무한 전문군인들로서 매우 풍부한 경험 덕분에 유력한 백부장 후보로 논의되었다고 보는 것이 이치에 맞는 설명일 것이다. 전문적인 장교가 부재한 상황 속에서 집정관들과 군단의 고급장교들은 공화정 중기의 '비전문적인' 시민병들에게 '전문적인' 군대 기율과 전기(戰技)들을 가르치기 위해 거의 전적으로 이들에게 의존했다.

딜렉투스(모병행사)에 참가한 이들 중 많은 수를 차지한 것은 소위 '카피테 켄시(capite censi, 머릿수만 채우는 사람들 또는 무산계급)'로 통칭되는 부류였다. 이들은 재산이 없다는 이유로 군복무에 부적격 판정을 받은 로마인들이었다. 이들에게는 재산을 가진 사람들만이 지닐 수 있는 동기, 즉 로마를 위해 싸우는 것은 곧 자신의 재산을 보호하기 위해 싸우는 것이라는 신념이 결여되어 있을 것이라는 당시의 통념 때문이었다.

그런 논리에 따라, 농사를 짓는 시민들은 카피테 켄시 부류와는 달리 군복무에 충실하여 열심히 싸울 수 있는 기득권을 가지고 있었다. 게다가 카피테 켄시에 속한 사람들에게는 무기와 장비를 갖출 만한 돈도 없었다.

## 2개 군단으로 구성된 집정군

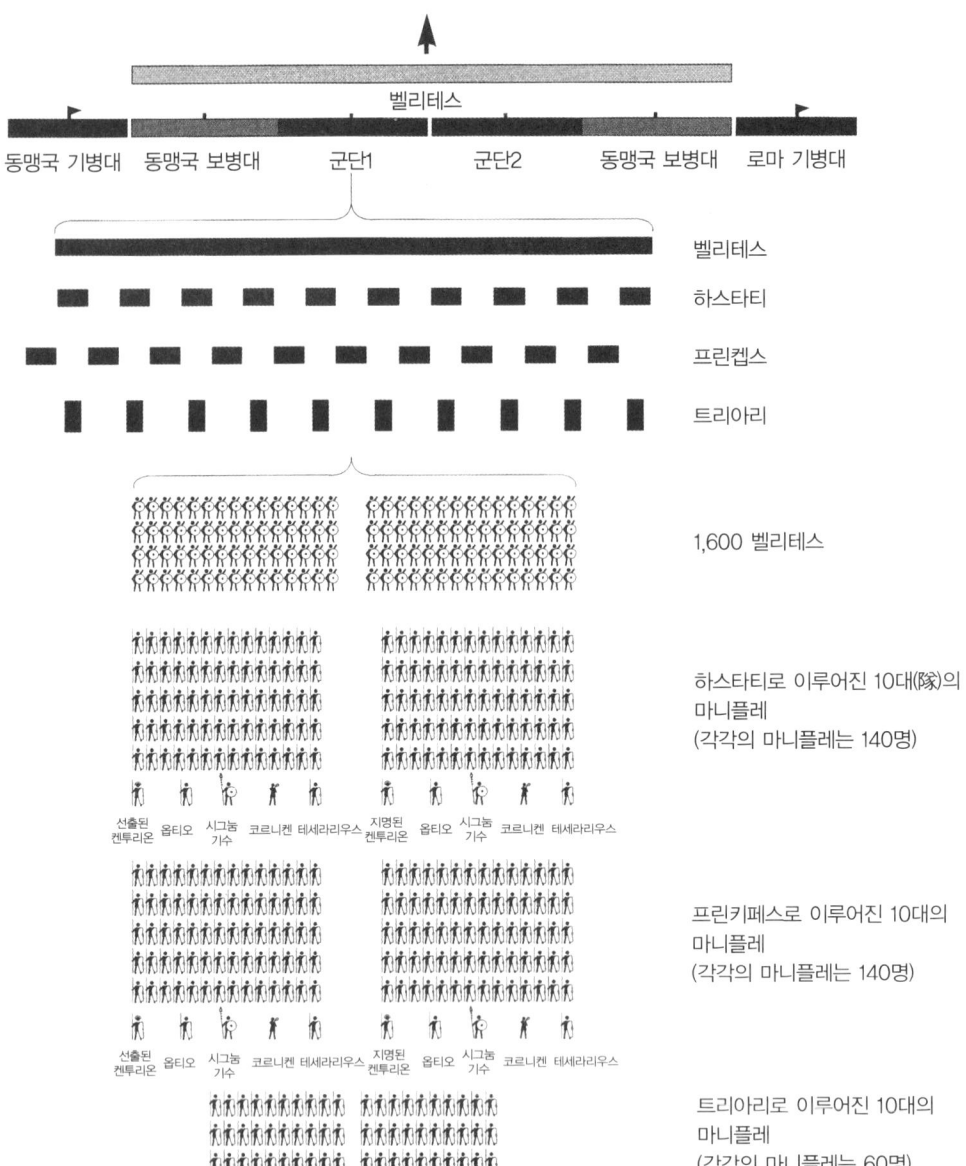

이 그림은 2개 군단으로 이루어진 집정군(consular army, 집정관이 통솔하는 부대)을 설명한 것이다. 칸나이에서와 마찬가지로 1개 군단은 5,000명으로 구성된다. 군단병 100인대(隊)가 하나의 마니플레를 형성했으며, 30개의 마니플레에 벨리테스와 기병으로 이루어진 10개의 투르마에가 더해져 군단을 이루었다. 당시의 로마군은 항상 2개 로마 시민 군단과 이와 비슷한 규모의 동맹 부대로 구성되어 있었다. 이들은 마니플레로 조직되어 보병대를 형성했고, 보병대가 모여 군단을 이루었다. 동맹국들은 30개의 투르마에에 달하는 기병들을 추가적으로 지원했다. 이와 같은 집정군 중 두 부대는 트레비아 전투에서 연합했다. 칸나이 전투에는 4개 집정군과 맞먹는 8개 군단이 투입되었으나 그 중 최소 6개 군단이 한니발에 의해 전멸당했다.

칸나이 BC 216

다음의 스쿠툼(scutum, 고대 로마식의 장방형 방패) 그림들은 이집트의 카스르 엘 하리트(Kasr el Harit)에서 발견된 표본에 기초한 것이다. 비록 로마의 것은 아니지만 도미티우스 아헤노바르부스의 제단과 아이밀리우스 파울루스 기념비에 나타난 로마 군단병들의 방패와 매우 흡사하다. 폴리비우스는 스쿠툼을 다음과 같이 묘사한다. "표면은 볼록하며 폭은 2피트 반, 길이는 4피트, 테두리의 두께는 한 뼘이다. 두 개의 나무판이 아교로 붙어 있으며 표면의 바깥쪽은 캔버스와 송아지 가죽이 차례로 감싸고 있다. 전투중에 방패가 검에 의해 갈라지는 것을 막고 방패를 땅에 내려놓고 휴식하고 있을 때 닳아 떨어지지 않도록 하기 위해 상하단의 테두리에는 철이 덧대어졌다. 일반적으로 방패의 중앙에는 돌이나 창, 위력적인 장거리 무기로부터의 충격을 막기 위해 철로 된 부조(浮彫)가 부착되어 있다." (M. C. 비숍 박사의 자료)

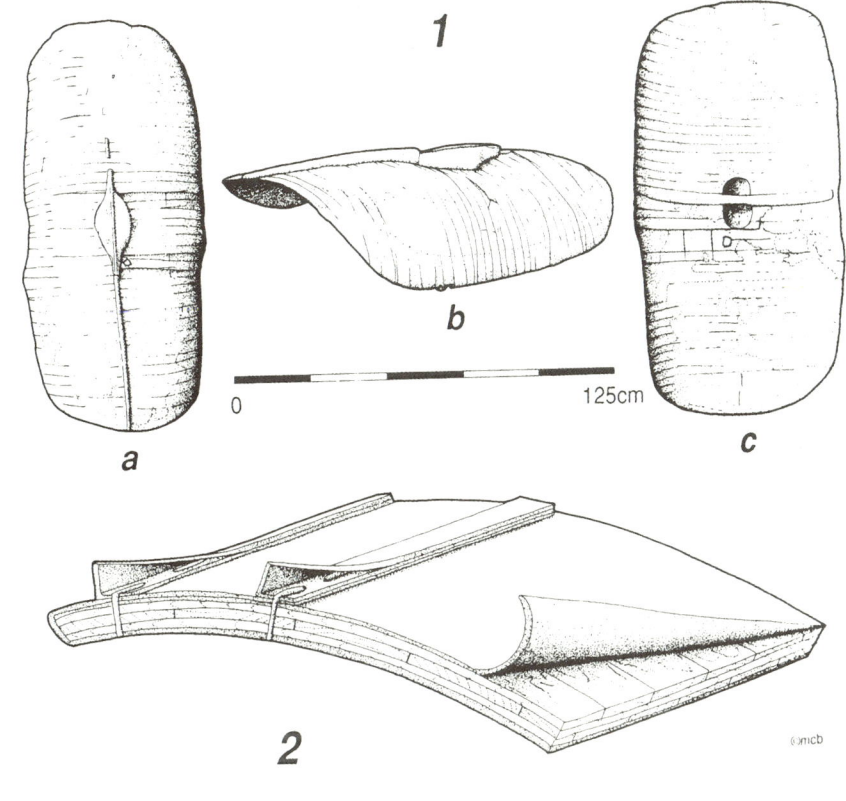

당시의 로마는 국가 차원에서 군대의 무기와 장비를 지급한다는 개념을 갖고 있지 않았던 것이다. 그러나 재산이 없는 사람들에게 허락되지 않는 것은 육군 복무일 뿐이었다. 따라서 그들은 해군으로 발길을 돌릴 수밖에 없었다. 한니발 전쟁이 발발했던 시기에 로마에서 다섯 번째 최하위 계급을 결정짓는 재산상의 기준은 1만 1,000아세스(asses)였다. 이는 BC 6세기에 세르비우스 툴루스(Servius Tullus)에 의해 정해진 전통적인 수치였다. 그러나 역사가 폴리비우스는, BC 160년경 로마에서는 동일한 계급의 최소 자격기준이 400드라크마 또는 4,000아세스로 대폭 하향조정되었다고 전하고 있다. 이처럼 재산 기준이 대폭 하향조정된 것은 아마도 BC 214년

이것은 유일하게 칼집이 벗겨지지 않은 채 발굴된 로마 공화국의 글라디우스(gladius)를 그린 것이다. BC 1세기의 것으로 델로스섬에서 출토되었다. 검의 길이는 칼자루를 포함하여 760밀리미터이고 폭은 57밀리미터이다. 발굴 당시 가죽으로 추정되는 칼집 안에 들어 있었다. (M. C. 비숍 박사의 자료)

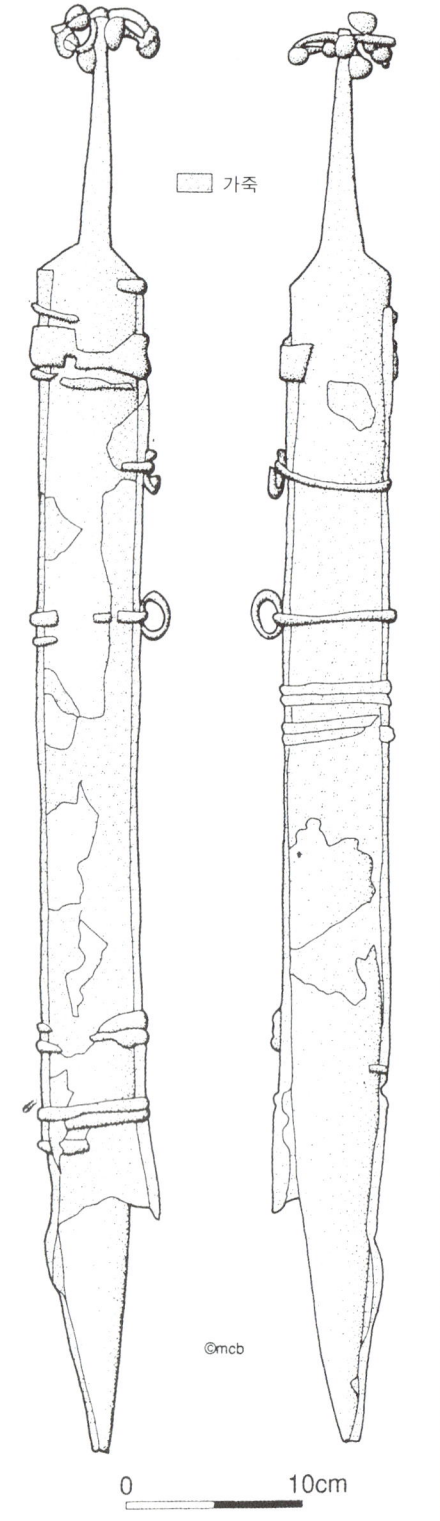

가죽

한니발 전쟁의 여파로 로마가 어마어마한 병력손실을 입었기 때문인 것으로 보인다. 실제로 BC 218~215년에만 로마 시민 약 5만여 명이 사망했을 것이라고 추정된다. 이는 당시 로마의 전체 성인 남자 중 6분의 1, 공화국 전체 시민의 5퍼센트에 이르는 수치였다. 제1차 세계대전 주요 참가국들의 인명 피해 규모보다 비율상으로는 훨씬 더 높은 수치이다. 이러한 상황 속에서 로마는 제5계급의 기준을 낮추어 카피테 켄시(무산자)로부터 병력을 보충하는 방법 외에는 다른 대안이 없었을 것이다. 특히 칸나이 전투로 인한 피해 규모는 실로 어마어마했으므로 로마 정부는 BC 216년에 이러한 자격기준들을 모두 폐기하고 전투로 손실된 병력들을 보충하기 위해 전례 없는 방법들을 채택해야만 했다.

일반적으로 제5계급에 속하는 이들은 각각 4,200명으로 구성된 4개 집정군에 배속되었다. 이 병력 규모는 실제로 BC 216년에 그러했듯이 비상 상황에서는 5,000명으로 늘어나기도 했다. 이 시기에는 벨리테스로 '선발'된 사람들을 제외하고, 하스타티와 프린키페스, 그리고 트리아리에 임명되는 기준은 더 이상 재산 따위에 구애되지 않았다. 나이, 체력, 그리고 몬테포르티노 투구는 당시 로마 군단병들에게 가장 보편적인 장비였던 듯하다. 적어도 하스타투스와 프린켑스는 분명 이 투구를 착용했다. 카누시움(Canusium, 오늘날의 카노사 Canosa di Publia)에서 발굴되었으며 칸나이 전투 당시의 것으로 추정된다. 폴리비우스는, 이 투구의 꼭대기에 45센티미터 높이의 보라색 또는 검정색 깃털 세 개가 꽂혀 있었다고 묘사하고 있다. 양쪽 뺨을 보호하는 두 개의 판에는 경첩이 달려 있어 시야를 방해하지 않으면서도 광대뼈와 턱을 안전하게 지켜주었다. 투구 뒷부분 중앙에 위치한 이중 고리는 턱 아래로 지나는 가죽끈을 끼우는 데 사용되었다. 고리를 통과한 가죽끈은 각각 양쪽의 치크피스(cheekpiece, 투구 양쪽의 볼받이)에 연결된 두 개의 고리에 걸려 투구가 움직이지 않도록 고정시키는 역할을 했다. (바디셰스 주립박물관, 카를스루에)

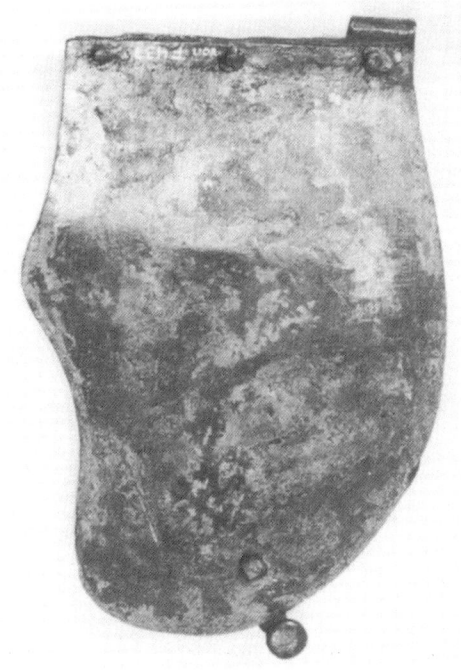
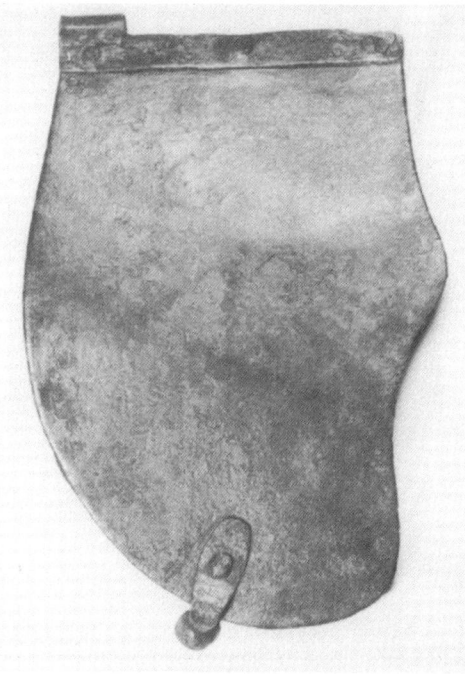

양측 군대: 카르타고군 vs 로마군

칸나이 BC 216

〈왼쪽〉 집정관들과 지방 총독들은 한니발 전쟁 기간 내내 그림과 같은 고대 그리스의 갑주를 보편적으로 착용했다. 파울루스와 바로(Varro) 게미누스, 그리고 미누키우스는 칸나이에서 이와 같은 복장을 하고 있었을 것이다. 왼쪽에 서 있는 인물은 5년 또는 10년간 복무한 장교의 모습이다. 군단의 각 '마니플레'마다 한 명씩 있는 시그눔 기수는 꼭대기에 상징물(여기서는 손 모양)이 부착된 군기(軍旗)를 들고 있었다. (리처드 후크 그림)

〈오른쪽〉 몬테포르티노 타입의 AD 3세기 투구. 이러한 유형의 투구는 대다수의 로마 병사들이 포에니 전쟁 당시에도 착용했다. 견본은 대영박물관에 보존되어 있다. (사진: N. V. 세쿤다 Sekunda)

경험 등이 더 중요한 조건으로 고려되었다.

군단에 복무하게 된 사람들 중에서 가장 젊고 가난한 1,200명은 '벨리테스'가 되었다. 역사가 폴리비우스가 묘사한 벨리테스의 외양과 장비, 그리고 다음의 세부적인 설명들은 실제로 칸나이에서 복무했던 로마의 경

〈왼쪽, 오른쪽〉 '이탈로(Italo-) 코린트식' 또는 '에트루스코(Etrusco-) 코린트식' 투구는 로마 병사들이 계속 사용했으며 특히 트리아리와 관련이 있다. 여기 소개된 두 개의 견본을 보면 두 개 모두 뺨을 보호하는 치크피스가 부착되어 있지 않다. 타르퀴니아(Tarquinia)의 아마존스(Amazons) 석관(石棺)에 묘사된 바에 따르면, 이탈로 코린트식 투구는 치크피스 없이 착용했다. 둘레의 작은 구멍들은 가죽끈을 고정시키는 데 사용된 것으로 보인다. 목 보호대의 모양이 다르다는 사실에도 주목해볼 필요가 있다. 아풀리아(Apulia)의 멜피(Melfi)에서 발견된 투구에는 이러한 디자인적 특징인 머리장식 받침대와 두 개의 깃털 받침대가 남아있다. (바디셰스 주립박물관, 카를스루에)

보병대를 제대로 묘사하고 있는 것이 아닐 수도 있다. 리비우스는 BC 211년에 벨리테스의 모습에 큰 변화가 생겼다고 주장했는데, 이것이 훗날 그대로 폴리비우스가 그려내는 식의 벨리테스의 모습이 된 듯하다. 그 이전의 경보병들은 그보다 훨씬 더 보잘것없는 무기와 장비를 가지고 있었던 것으로 추정된다. 카르카고군과 대등한 숫자였음에도 불구하고 로마군이 고전을 면치 못했던 것도 이로써 설명된다.

양측 군대: 카르타고군 vs 로마군

〈왼쪽과 아래〉 고대 그리스의 청동 투구로 현재 베를린에 보관되어 있다. 로마 공화정 당시 장군들이 쓰던 것과 유사한 모양을 하고 있으며 카르타고인들이 착용했던 투구의 모양과도 비슷했을 가능성이 있다. (베를린 고대사박물관, Inv. 10481)

〈오른쪽〉 이른바 '도미티우스 아헤노바르부스의 제단'에 묘사된 한 명의 로마 기병과 두 명의 보병들. 현재 루브르에 보존되어 있는 이 기념비는 2세기 후반에 제작된 것이지만 로마군의 복장과 장비의 세부사항들은 거의 변하지 않았을 것으로 추정된다.

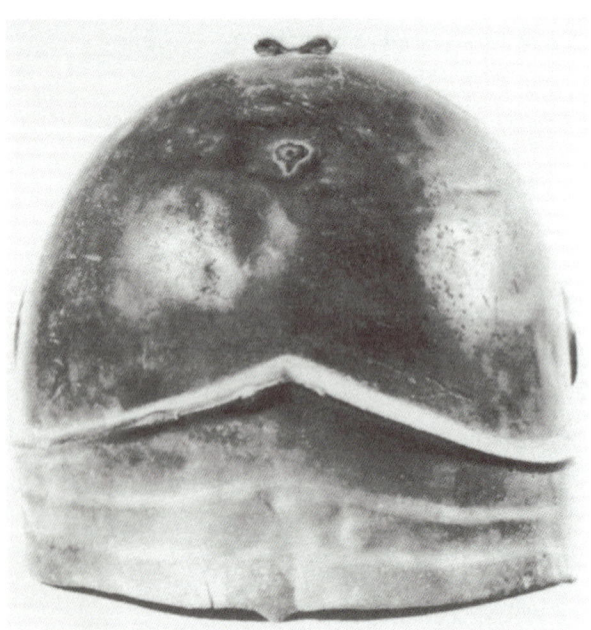

　폴리비우스가 묘사한 바대로 '벨리테스'는 진격하는 중장보병대의 선봉에 서는 경보병으로서 그들의 역할에 걸맞는 매우 가벼운 장비만을 갖추고 있었다. 4피트 길이의 투창 몇 개와 검이 그들의 무기였으며, 가죽으로 싸인 지름 3피트의 가벼운 버드나무 방패와 외투 정도가 그들의 최소화된 보호장비였다. 그들은 늑대나 곰의 가죽을 투구 위에 착용하여 중장보병들과 구분되었다.

　반면, '하스타티'와 '프린켑스', 그리고 '트리아리'는 모두 갑옷을 착용했다. 그 당시 병사들은 스스로 자신의 장비를 마련해야 했기 때문에 어느 정도의 보호장비를 갖추었느냐가 곧 군단병 개개인의 부를 나타내는 척도가 되었다. 1,200명의 용맹한 하스타티는 전투 시 군단의 가장 앞줄에 배치되는 '젊은이들의 꽃'이었다. 물론 그들의 체력은 최상의 상태였던 반면에 실력은 아직 검증되지 못했고, 한정된 수입 때문에 좋은 갑옷을 입지도 못했다. 그들 대부분은 가슴만 대충 보호할 수 있는 네모난 가슴받이를 착용했다. 폴리비우스는 그들 중에서 제1계급에 속하는 이들만 프린키페스나 트리아리가 입는 것과 같은 종류의 철제 갑옷을 구입할 수 있었다고 전한다. 따라서 당시에 그들이 막상 전투대형으로 정렬했을 때, 현대의 예술가들이 즐겨 재현하고 있는 것처럼 동일한 차림을 하고 있었다고는 보기 어렵다.

당시 부유한 로마 병사들이 착용하던 '로리카이(loricae)'라는 갑옷은 그 무게가 15킬로그램에 달했다. 한니발의 추격을 피해 트라시메네 호수를 건널 때는 이 로리카이의 무게 때문에 많은 로마 병사들이 물에 빠져 죽기도 했다. 하지만 그 보호기능만은 매우 우수했던 모양이다. 그 무렵 한니발은 로마군과의 전투가 끝나면 카르타고 병사들에게 죽은 적군의 갑옷을 벗겨 착용하도록 지시하곤 했다고 한다.

로마 군단의 두 번째 줄에는 동일한 규모의 프린키페스가 정렬했다. 폴리비우스는 이들을 '인생의 절정기'에 있는 사람들로 표현했다. 하스타티와 더불어 그들은 무게가 다른 필라(pila, 투창) 두 개로 무장했다. 이 창은 날아가는 순간 자체의 무게로 추진력을 받아 긴 철로 된 몸대가 적군의 방패를 관통하여 상처를 낼 수 있도록 고안되었다. 하지만 철로 된 몸대는 목표에 충돌함과 동시에 휘어지기 때문에 다시 사용할 수는 없었다. 비록 한니발 전쟁 이후의 것들이기는 하지만 스페인과 프랑스에서 발견된 상당수의 유물들이 이러한 특징들을 확인시켜주었다.

필라를 던지고 나면 군단병들은 근접 전투를 하기 위해 검을 뽑아들었다. 폴리비우스의 시대에 로마 군단의 모든 계급들이 허리에 찼던 표준 무기는 '글라디우스 히스파니엔시스(Gladius Hispaniensis)'였다. 그러나 이것이 칸나이 전투에서 사용된 무기인지는 아직까지 논쟁의 대상이 되고 있다. 베거나 찌르는 데 사용되는 이 에스파냐식 검은 분명 200년경에는 널리 사용되었으며 그 이전에도 사용되었을 가능성이 높다. 로마인들은 제1차 포에니 전쟁 때 에스파냐 용병들로부터 이 무기를 접하게 되었던 것이 분명하며 그때부터 사용하기 시작한 것으로 추정된다. 로버트 오코넬(Robert O'Connell)은 이 로마검에 대하여 "고대 군대가 제작했던 모든 무기들 중에서 가장 치명적이며, 총이 발명되기 전까지는 역사상 그 어떤 무기보다도 더 많은 병사들을 죽였다"고 표현했다. 리비우스는, 마케도니아 전쟁에서 로마군이 그리스군을 상대로 벌인 전투 장면을 묘사함으로써 글라디우스의 파괴력을 설명했다. 당시의 모든 병사들은 이 무기가 초래하는 무시무시한 참상으로 공포에 질려 있었다. "장비들은 모두 찢겨나갔고, 어깨와 머리는 완전히 절단되어 몸에서 분리되었으며 내장은 산산조각이 났다."

로마 병사들의 오른손에는 항상 글라디우스가 쥐어져 있었으며 왼손에는 타원형 방패, 즉 스쿠툼이 들려 있었다. 로마 병사들의 주력 방어구인 스쿠툼의 길이는 4로마피트, 폭은 2피트였다. "싸울 때 앞으로 내딛는 다리를 보호하기 위해" 왼쪽 다리에는 청동으로 된 정강이받이를 착용했다. 로마 군단의 3개 계급은 모두 에트루스코 코린트, 아티카, 몬테포르티노식 디자인의 청동 투구를 썼다. 이러한 투구들은 공통적으로 약 45센티미터 높이의 진홍색 또는 검은색 깃털들로 장식되어 있었으며, 병사의 키를 더 크게 함으로써 적군을 압도하도록 고안된 것이었다.

'트리아리'는 군단의 세 번째이자 마지막 줄에 섰다. 트리아리는 600명에 불과했는데, 전세를 결정짓는 마지막 순간 이전에는 전투에 참여하지 않는 백전노장들로 구성되어 있었다. 실제로 '최후의 수단은 트리아리'라는 뜻을 지닌 라틴어 'Inde remad triaros redisse'는 근대 라틴 어법에서도 절망적인 상황을 나타내는 의미로 사용되었다. 트리아리는 앞 줄에 선 다른 두 계급들과는 달리 필라 대신 '하스타(hasta)'라 불리는 긴 창을 사용했다. 찌르는 용도였던 이러한 창의 사용은 로마의 방진(方陣)에서 볼 수 있는 것이었다. 그 밖에는 외관상으로 프린키페스와 거의 구별이 불가능했다. 리비우스는 자신의 유명한 구절을 통해, 무릎을 꿇고 대기하고 있는 트리아리의 모습을 다음과 같이 묘사하고 있다. "왼쪽 다리를 앞으로 내민 채 스쿠툼을 어깨에 기대어 놓고, 바닥에 고정된 창은 비스듬히 위를 향하여 마치 그들의 열은 빽빽한 말뚝에 둘러싸여 있는 것처럼 보였다." 때때로 그들은 칸나이 전투에서처럼 아예 전선에 투입되지 않고 군단 막사를 지키는 임무를 담당하기도 했다.

## 로마의 동맹군

로마령 내에서의 딜렉투스(모병행사)는 동맹국 마을과 도시들에서도 비슷한 방식으로 진행되었다. 로마 공화국과의 상호조약에 따라 소키(Socii)라고 불린 라틴동맹 및 이탈리아 동맹국들은 로마의 시민 군단 옆에서 함께 복무할 군사력을 제공해야만 했다. 그런데 동맹군들의 대부분은 이탈리아의 라틴 식민지들, 즉 '소키 라티니 노미니스(socii Latini nominis)'로부터 공급되었던 것으로 보인다. 리비우스는, BC 217년에 로마가 활용했던 동맹 부대가 라틴동맹의 중장보병대와 기병대였다고 기록하고 있다. 다른 자료들에도 당시 전장에 배치된 로마 병력의 절반 이상이 이들 동맹군들로 이루어져 있었다는 내용이 기록되어 있다. 실제로 집정관 지휘 하의 2개 군단 옆에는 최소한 2개 동맹 군단이 함께 복무했다.

당시 로마 군단과 함께한 동맹 부대의 수는 일반적인 전쟁 발발 시 배치된 부대의 수로 일부 추측이 가능하다. BC 218년에는 로마의 6개 군단과 함께 동맹국들로부터 보병 4만 명, 기병 4,400명이 징집되었다. 이 동맹 부대들을 지휘하는 지휘관에는 높은 계급의 로마인 세 명이 임명되었다. 이들은 이로써 각 '알라(ala)'의 '프라이펙티 소키오룸(praefecti sociorum)'이 되었다. 전투에서 이들은 군단의 좌익과 우익에 배치되었으며 '알라 소키오룸(ala sociorum)'이라는 명칭이 여기에서 비롯되었다(알라는 '날개翼'를 의미한다). 각각의 알라는 보병 약 5,000명으로 이루어졌으며, 이들은 다시 10개 보병대로 나뉘었다. 각각의 보병대는 다시 하스타티, 프린키페스, 트리아리, 그리고 이들을 지원하는 기병대의 마니플레로 구성되었으며, 이런 방식으로 훨씬 더 큰 군단의 편성이 이루어졌다.

대부분의 보병대는 지역적인 출신이나 정체성을 나타내는 명칭을 가지고 있었다. 로마인들은 종종 동맹군 병사들 중에서 가장 뛰어난 병사들만을 골라 보병 1,600명과 기병 600명으로 구성된 '엑스트라오르디나리(extraordinarii)' 라는 정예부대를 만들었다. 이들은 4개 대대(cohort)를 이루어 집정관을 호위하는 동시에 진군 시에는 군단을 엄호하는 역할을 담당했다. 바로 이들이 트라시메네 호수에서 한니발의 경보병과 처음 접전한 병사들이다.

# BC 218년, 티키누스 전투와 트레비아 전투

BC 218년에 로마 원로원은 스페인과 아프리카 원정을 위해 스키피오와 티베리우스 셈프로니우스 롱구스(Tiberius Sempronius Longus)를 집정관으로 선출했다. 이로써, 로마인들이 해외로부터 공격적인 전략을 개시하여 카르타고에 대응하리라는 한니발의 추측이 입증된 셈이었다. 그러나 한니발은, 로마인들이 여전히 전략적인 주도권을 자신들이 쥐고 있다고 믿기 때문에 미적거리고 있는 것이라 생각했다. 실제로 코르넬리우스 스키피오는 원로원의 명령을 받고도 알프스 남부의 갈리아에서 일어난 폭동을 이유로 일정을 미루고 있었다. 로마의 새로운 식민지인 크레모나와 플라켄티아의 켈트족 반란 때문이었다. 이 지역의 켈트족들이 반란을 일으킨 것은 로마 이주민 6,000명이 막 이 지역에 정착하기 시작했기 때문이었다. 당시 포 계곡에는 '프라이토르(집정관 대리)' 루키우스 만리우스의 지휘 아래 1개 군단만이 주둔하고 있었다.

이 군단의 유래에 대해서는 다소 혼란스러운 부분이 있다. 폴리비우스는 이를 '제4군단'이라고 지칭했는데, 이러한 폴리비우스의 주장과는 달리, 그 군단은 BC 218년이 아니라 BC 219년에 징집되어 구성된 것이었다. 이 책에서는 제4군단이 갈리아에서 겨울을 보냈다는 시각을 수용하여 코널리(Connolly)의 주장을 따르도록 하겠다. 이와 관련하여 코널리의 주장은 상당히 설득력이 있다. 그는 폴리비우스의 '제4군단'을 '군단 1(Legion 1)'로 바꾸어 불렀다. 이 새로운 전쟁과 관련해서 사실상 처음으로 언급되는 군단이기 때문이다. 코널리는 그 뒤를 잇는 군단들 또한 모두 순서에 따라 번호를 매겼다. 이 책 역시 이후로는 이러한 방식을 적용하게 될 것이다.

한니발이 당시 켈트족의 반란에 동의했는지의 여부는 확실치 않다. 물론 동의하지 않았다 하더라도 결과적으로 그에게 득이 되었음은 분명하다. 로마의 이주민들은 앙심을 품은 켈트족들을 피해 플라켄티아와 크레모나를 포기하고 무티나(Mutina)로 물러섰다. 만리우스는 식민지를 탈환

에트루리아(Etruria)의 설화석고(雪花石膏) 납골 항아리. 켈트족 전사들과 이탈리아 보병들 간의 전투를 묘사하고 있다. 오른쪽에 날개를 단 여자는 저승의 악마 중 하나인 반트(Vanth)로 추정된다. (Mus. civ. no. 980, 키우시Chiusi)

하기 위해 자신의 군단을 출동시켰으나 켈트족의 매복 공격을 당하고 말았다. 생존자들은 타네툼(Tannetum) 부락으로 철수하여 구조를 기다렸다. 당시 로마에는 그 어떤 예비 병력도 없었으므로 그들은 에스파냐 임무를 위해 구성된 스키피오의 부대에 의지할 수밖에 없었다. 원로원은 (BC 218년에 처음 징집된) '군단2'를 스키피오의 휘하에서 분리하여 5천의 동맹 부대와 함께 또 한 명의 프라이토르였던 가이우스 아틸리우스에게 맡겨 포 계곡으로 급파했다. 따라서 스키피오는 병력 공백을 메울 병사들을 다시 모집하고 훈련시키는 데 몇 달을 소모할 수밖에 없었다. 그 동안 셈프로니우스는 자신의 군대를 이끌고 남쪽으로 이동하여 이미 시칠리아 섬에 도착한 상태였으며, 최종 목적지인 아프리카로 이동하기 위하여 릴리바이움(Lilybaeum)에서 함대를 소집하고 있었다. 반면에 스키피오는 8월 말이 되어서야 겨우 군대를 이끌고 에스파냐를 향해 항해를 시작할 수 있었다. 스키피오의 함대는 에트루리아(Etruria)와 리구리아(Liguria) 해안을 따라 이동하다가 마실리아를 지나자마자 론강 동쪽 어귀에 상륙했다. 어째서 그가 이러한 항로를 택했는지는 그 이유가 불분명하다. 그러나 당시 스키피오가, 한니발이 피레네 산맥의 남쪽으로 이동하고 있다고 생각했으리라는 추측은 가능하다. 리비우스는, 스키피오의 부대가 배 멀미로 너무 심한 고생을 한 나머지 중간에 부득이하게 항해를 멈춘 것이라고 주장한다. 만약 그러한 주장이 사실이라면, 한니발의 군대가 론강을 건너 자신의 상륙 지점 바로 북쪽으로 다가오고 있다는 소식을 접했을 때 스키피오가 받은 충격은 상당했을 것이다.

그럼에도 불구하고 스키피오의 행동은 신속했다. 그는 먼저 북쪽으로 기병대를 급파하여 한니발의 위치를 확인하고자 했다. 그런데 이 스키피오의 파견대는 한니발이 남쪽으로 보낸 누미디아 기병대와 맞닥뜨리게 되었다. 격렬한 전투 후, 생존자들은 각각 지휘관들에게 돌아가 상황을 보고했다. 한니발의 존재를 확인한 스키피오는 짐을 다시 배에 실을 것을 명령한 다음 한니발을 잡기 위해 군대를 이끌고 북쪽으로 나아갔다. 그러나 한니발의 막사는 이미 텅 비어 있었다. 스키피오는 그 부근의 켈트족들로부터 카르타고군이 이미 3일 전에 북쪽으로 이동했다는 소식을 듣게 된다. 폴리비우스는 "적군이 길을 떠났다는 소식을 전해 듣고 스키피오는 망연자실했다"라고 적고 있다. 그제서야 스키피오는 한니발의 진정한 목적지가 어디인지를 알게 되었다. 카르타고군이 이탈리아로 내려가는 의미를 이해하고 나서 "스키피오는 오직 한 가지만을 확신할 수 있었다. 즉, 자신의 움직임을 오로지 적군의 행동과 전략에 맞춰야만 한다는 것이었다."

급하게 론강 어귀로 돌아가던 스키피오는, 비록 당장 효과를 볼 수 없

## 한니발 군대의 알프스 예상 루트

한니발은 BC 218년 10월 초에서 중반 사이에 알프스 산맥을 오르기 시작했다(이는 대다수의 의견일 뿐 분명한 합의가 이루어진 내용은 아니다). 이후 그의 이동 루트는 여러 학자들과 전문가들 사이에서 논쟁의 대상이 되었으며, 이와 관련된 폴리비우스와 리비우스의 기록들도 매우 다양하게 해석되었다. 이 지도에도 각기 다른 세 가지 예상 루트가 그려져 있다. 이 외에도 물론 다른 주장들이 존재한다. 하지만 이러한 논쟁들에 관해서는 이 책에서 언급하지 않도록 하겠다. 알프스 횡단에는 15일이 걸렸으며, 한니발은 처음 산을 오를 때의 병사 중 절반 가까이를 잃었다.

을지 몰라도 장기전으로 접어들었을 때는 상당한 전략적 영향력을 발휘하게 될 어떤 방침을 결정하게 된다. 그는 원정군의 지휘권을 동생인 그나이우스(Gnaeus)에게 넘기며, 에스파냐로 가서 기존의 동맹국들을 보호하고 새로운 동맹국들을 확보하는 한편 한니발의 동생 하스드루발을 에스파냐

BC 218년 말, 트레비아강과 만나는 계곡의 한복판에서 한니발은 최초로 로마군에게 참담한 패배를 안겨주었다. 약 1만 5,000명에 이르는 로마군의 주검은 포 계곡의 갈리아인들을 카르타고의 대의에 동참하도록 만들기에 충분했다.

밖으로 몰아낼 것을 지시했다. 스키피오가 군대도 없이 홀로 이탈리아로 돌아갈 결심을 했다는 것은, 그 상황에서 전 병력을 이탈리아로 회군하는 것보다 에스파냐를 향해 계속 나아가도록 하는 것이 전략상 유리하다는 점을 분명히 인식하고 있었음을 말해준다. 첫째, 카르타고 본국은 유럽대륙을 향한 교두보라 할 수 있는 에스파냐의 전쟁에 신경을 집중시킬 수밖에 없기 때문에 군사적으로나 경제적으로나 이탈리아 본토로 들어간 한니발에 대한 지원에는 아무래도 소홀해질 수밖에 없을 터였다. 둘째, 에스파냐 북쪽으로 움직이는 로마 군대는 또한 하스드루발이 육로를 통해 그의 형 한니발에게 지원군을 보내는 것을 방해할 것이었다.

즉시 피사(Pisa)로 돌아가는 길에 스키피오는 로마 원로원에 한니발의 의도를 알렸다. 원로원은 즉시 시칠리아로부터 셈프로니우스를 다시 불러들였다. 로마로 귀환한 집정관 셈프로니우스는 최대한 서둘러 12월 초에 자신의 부대를 아드리아해 동쪽 항구인 아리미눔(현재의 리미니Rimini)으로 보내는 데 성공했다. 그는 스키피오와 합류하기 위해 북서쪽으로 행군했으며 그 달 말에는 늦지 않게 트레비아 전투에 참가할 수 있었다. 그 동안 스키피오는 군단1과 군단2의 지휘권을 맡아 포 계곡에서 일련의 군사 행동을 취하고 있었다. 스키피오의 원래 목적은 군대를 이끌고 서쪽으로 이동하여, 한니발이 알프스를 지날 때 그 길목을 지켰다가 그가 이탈리아에 들어오지 못하도록 차단하는 것이었다. 그러나 갈리아의 켈트족들 사이에서 로마에 대한 적대감이 증폭됨에 따라 스키피오는 애초의 계획을 보류하고 카르타고군이 이탈리아 북쪽 평원으로 내려올 때만을 기다렸다.

### 티키누스 전투 : 첫 번째 접전

11월 첫째 주 또는 둘째 주에 드디어 평원에 도착한 한니발의 군대는 추위와 배고픔, 고통으로 완전히 지쳐 있었다. 보병 2만과 기병 6,000명이 살아남았지만 불과 5개월 전 뉴카르타고를 떠날 당시의 대군에 비하면 초라하기 그지없는 모습이었다. 폴리비우스는 확신을 가지고 이 수치를 인용하고 있는데, 그 출처가 다름아닌 한니발 본인이기 때문이다. 한니발은 후세를 위하여 이러한 기록을 청동판에 새겨 이탈리아 남부의 크로톤(Croton) 부근 카포 칼로네(Capo Calonne)에 남겨두었다. 어쨌든 이러한 수치는 한니발이 알프스를 횡단하는 보름 동안 절반에 가까운 군대를 잃었음을 의미한다. 갈리아의 켈트족들도 이 보잘것없는 군대를 불신의 눈으로 바라보았던 모양이다. 한니발은 타우리니(Taurini) 지역의 켈트족들과 협상에 실패하고 만다.

그러나 한니발은 수적인 열세를 질적인 측면으로 만회하는 데 성공했다. 아프리카와 에스파냐에서 모집한 그의 보병대와 기병대에는 실로 전투력이 막강한 군사들이 포진해 있었다. 하지만 그럼에도 불구하고 한니발은 절대적인 병력 부족을 메꾸기 위해 오로지 켈트족 분견대에 의지할 수밖에 없었다. 켈트족의 신뢰를 회복하기 위해서는 빠른 시간 안에 자신의 건재를 증명하고 로마와 대항할 만할 능력이 있다는 믿음을 그들에게 심어주어야만 했다. 한니발은 자신의 무시무시한 진면목을 보여주기로 결심하고 타우리니의 중심지에 군대를 집결시켜 도시를 약탈하고 많은 사람들을 학살했다. 효과는 확실했다. 지원을 주저하던 인근의 켈트족들은 마침내 그의 대의에 동참했다. 이제 필요한 것은 로마군을 상대로 결정적인 승리를 거두어 그들의 머릿속에 남아 있는 의구심마저 지우는 일이었다.

한니발이 알프스 남부 갈리아에 도착했다는 소식을 접한 스키피오는 플라켄티아를 떠나 포 계곡에 다리를 놓은 후 인수브레스 지역으로 진격했다. 스키피오는 티키누스강에 두 번째 다리를 놓은 후 오늘날의 로멜로(Lomello) 근처에서 처음으로 한니발과 맞붙게 되었다. 엄밀하게 말해 전투라기보다는 기병대끼리의 작은 접전에 불과했으나, 어찌되었건 스키피오로서는 본격적인 전쟁에 앞서 한니발의 실력을 가늠해볼 수 있는 기회였다. 한니발의 기병대는 압도적이었으며, 로마군과 그 동맹국들의 기병대에 비해 월등한 전투력을 보여주었다. 스키피오도 그 과정에서 상처를 입었는데, 전해지는 바에 따르면 훗날 '스키피오 아프리카누스'로 불리게 될 그의 17세 아들의 재빠른 판단 덕분에 목숨을 건질 수 있었다고 한다. 로마군은 재빨리 플라켄티아로 철수했고, 이동하면서 다리를 모두 파괴했다. 첫 승전보가 알려지자, 더 많은 켈트족들이 한니발 대열에 합류했다.

스키피오는 자신이 소집한 켈트족 병사들마저 로마를 저버리고 카르타고 측으로 넘어가버리자, 고심 끝에 플라켄티아를 포기하고 남쪽으로 퇴각했다. 그리고 아펜니네스(Apennines) 산맥의 어귀에 주둔하며 셈프로니우스와 그의 병력이 도착하기를 기다렸다. 셈프로니우스가 도착한 것은 12월 중순에서 말경이었다. 한니발은 불과 6마일 떨어진 트레비아강의 다른 둑에 주둔하고 있었다. 본격적인 대결이 다가오고 있었다. 하지만 한니발은 자신이 원하는 조건이 갖추어지지 않는 한 공격을 개시하지 않을 것이 분명했다.

〈88쪽 위〉에트루리아의 설화석고 납골 항아리. 시타델라 피에베(Citta della Pieve) 근처에서 발견되었다. 중앙의 인물은 전사하는 에트루리아인을 표현하고 있는 듯하다. 뒷 배경에서는 이탈리아 기병과 보병이 싸우고 있다. 한편, 왼쪽 끝의 인물은 손에 들고 있는 방패로 보아 켈트족이 확실하다. (Mus. arch. no. 16M, 사진: 알리나리Alinari, 피렌체)

〈88쪽 아래〉로마의 램프. 제국시대의 로마 것으로 추정된다. 켈트족 기병을 묘사하고 있다. 긴 머리카락이 눈길을 끈다. 켈트의 전사들 중에는 좀더 위협적으로 보이기 위해 자신의 머리카락을 석회로 딱딱하게 굳힌 자들도 있었다. (국립 박물관, 아테네)

〈89쪽 위〉무시무시한 에스파냐 검, 글라디우스 히스파니엔시스를 휘두르는 에스파냐 스쿠타투스의 모습. 이 검 또한 로마인들이 채택한 것이다. (루브르, 파리)

〈89쪽 아래〉1세켈 동전. 뒷면에는 코끼리의 모습과 함께 포에니 문자 '알레프(aleph)'가 새겨져 있다. (히르메르 사진문서고, 뮌헨)

88  칸나이 BC 216

## 트레비아 전투

한니발과 로마인들 사이에 벌어진 최초의 중요한 전투는 BC 218년 12월에 플라켄티아 근처에서 발생했다. 양측의 막사가 가까운 거리에서 대치하고 있는 가운데, 켈트족이 쉽게 변절할 수 있다는 점을 염두에 둔 한니발은 섣불리 먼저 공격하지 않고 행동에 신중을 기했다. 그는 로마군들이 숲 속의 매복작전을 잘 간파한다는 점을 알고 있었다. 그래서 그는 로마인들이 아예 매복의 가능성을 전혀 예상하지 못할 만한 평지로 그들을 유인하여 전투를 벌이기로 했다.

한니발은 양 진영의 막사와 트레비아(Trebbia)강, 루레타(Luretta)강 사이에 있는 개활지를 눈여겨보았다. 이 지역은 숲이 없었기 때문에 로마인들도 매복에 대한 의심 없이 전장으로 수락할 만한 장소였다. 그러나 한니발은 개활지 근처의 가파른 강둑을 따라 늘어선 덤불과 초목을 이용하여 로마군의 허를 찌르는 매복작전을 계획했다. 그는 보병과 기병을 각각 1,000명씩 선발하여 자신의 막내동생 마고(Mago)에게 맡기며 그곳에 몸을 숨기고 있도록 지시했다. 엄격한 지시에 따라 매복해 있다가 전투 중 결정적인 순간이 찾아오면 일시에 모습을 드러내어 로마군을 기습하는 임무가 그들에게 주어졌다.

날이 밝자, 살을 에는 듯한 추위 속에서 한니발은 트레비아강 너머로 누미디아 경장기병대를 파견하여 로마의 막사를 공격하도록 했다. 철저히 계획적인 적의 도발에 분개한 집정관 셈프로니우스는 가장 먼저 기병대, 그 다음에는 경보병, 결국은 전 병력을 출동시켰다(92쪽 지도 참조). 이 모든 일들이 순간적으로 일어났다는 것은 로마군이 아침식사도 하지 못한 채 출동했다는 사실을 통해 확인할 수 있다. 처음에는 낙관적인 전망에 들떠 전투에 임했던 로마군들도 갑작스레 쏟아지는 눈 속에서 가슴 높이까지 불어난 트레비아 강물을 건널 무렵부터는 차츰 전의를 상실하고 있었다. 셈프로니우스는 로마 군단을 중앙에 배치하고 양쪽 날개에 동맹군 보병과 기병을 배치하는 로마의 표준적인 대형을 유지한 채 물에 젖고 추위에 얼어붙은 군대를 이끌고 나아갔다. 폴리비우스는 당시 로마 보병 1만 6,000명과 동맹국 보병 2만 명이 있었다고 기록하고 있다. 로마 기병 1,000명은 우익에, 동맹국 기병 3,000명은 좌익에 배치되었다.

그 사이 한니발은 카르타고 군사들에게 음식을 나눠주고 모닥불을 피워 몸을 녹이게 했다. 그들은 모닥불 가에서 몸에 기름을 바르며 추위를 견디고 있었다. 로마군이 완전한 전투 대형을 갖추는 동안 한니발은 자신의 군대를 자군 막사로부터 1,400미터 떨어진 오른쪽 둑에 배치했다. 2만 명의 켈트족, 에스파냐인, 아프리카 보병들이 일렬로 길게 늘어섰고, 코끼리들은 보병대의 양쪽 날개 앞에 각각 배치되었다. 기병 1만 명은 정확히 절반으로 나뉘어 각각 로마군과 동맹국 부대를 마주하는 위치에 배치되었다.

전투는 경보병들의 충돌로 시작되었는데 여기서 로마군은 패배했다. 셈프로니우스가 로마군 경보병대를 불러들이자 한니발은 수적으로 우세한 기병대를 출동시켰고(1), 그들은 로마 기병대와 동맹군 기병대를 전장에서 몰아내어 로마 보병대의 측면이 노출되도록 만들었다. 중앙의 양측 보병대는 서로 근접하게 되자, 즉시 격렬한 전투를 시작했다. 한니발은 이

제 아프리카 중장보병과 재편성한 경보병, 누미디아 경기병을 내보내 로마군의 노출된 측면을 공격하도록 했다. 전체 로마군의 양 측면을 담당하고 있던 동맹국 징집병들은 경험이 부족한 병사들이었다. 그들은 이미 카르타고 코끼리 부대의 맹렬한 공격을 받아 궁지에 몰린 상태였으며 결국은 패주하고 말았다.

로마군의 열세는 마고의 매복공격으로 인해 더욱 악화되었다. 한니발의 동생 마고는 전투의 결정적인 순간이 왔음을 느끼고 병사 2,000명과 함께 매복지에서 뛰어나와 로마군의 후방을 공격했다. 로마군의 트리아리들은 이 갑작스런 후방공격에 맞서기 위해 뒤로 돌아섰으나 아무런 힘을 쓰지 못했다. 쏟아지는 빗속에서 시야마저 흐린 가운데 사방에서 공격을 받고 있던 로마군은 물이 불은 트레비아강을 향해 후퇴하기 시작했다. 전열의 중앙만이 켈트족을 밀치고 전진하는 데 성공했는데, 이때까지만 해도 집정관 셈프로니우스는 승리할 수 있으리라는 믿음을 가지고 있었다. 하지만 이내 셈프로니우스는 나머지 군대와 단절되어 고립된 상태에 놓이게 되었다. 빗줄기는 어느덧 폭풍우로 변해 있었다. 거센 비바람 속에서 카르타고의 코끼리와 기병대는 도주하는 로마 병사들을 무차별 학살했다.

이 전투에서 약 1만 5,000~2만 명에 이르는 로마 병사들이 죽임을 당했다. 그에 비해 카르타고군의 사망자 수는 매우 적었으며 그나마도 주로 켈트족들이었다. 셈프로니우스는 생존자들을 이끌고 플라켄티아로 이동하여 스키피오와 합류했다. 흩어진 패잔병들도 하나둘 막사로 돌아왔다. 그들은 겨울을 플라켄티아에서 보내고 이른 봄에 아리미눔으로 이동했다. 그러나 로마인들은 이번 전투에서 적군의 전열을 뚫고 침투하는 경험을 얻었다. 한니발의 군대를 겪어본 로마인들의 경험은 훗날 칸나이 전투에서 전술을 구상하는 기본 바탕이 되었다.

트레비아 전투는 지세(地勢)도 카르타고군에게 유리했을 뿐 아니라 한니발을 무찌른 공로를 독차지하려고 안달이 난 셈프로니우스의 공명심을

## 트레비아 전투

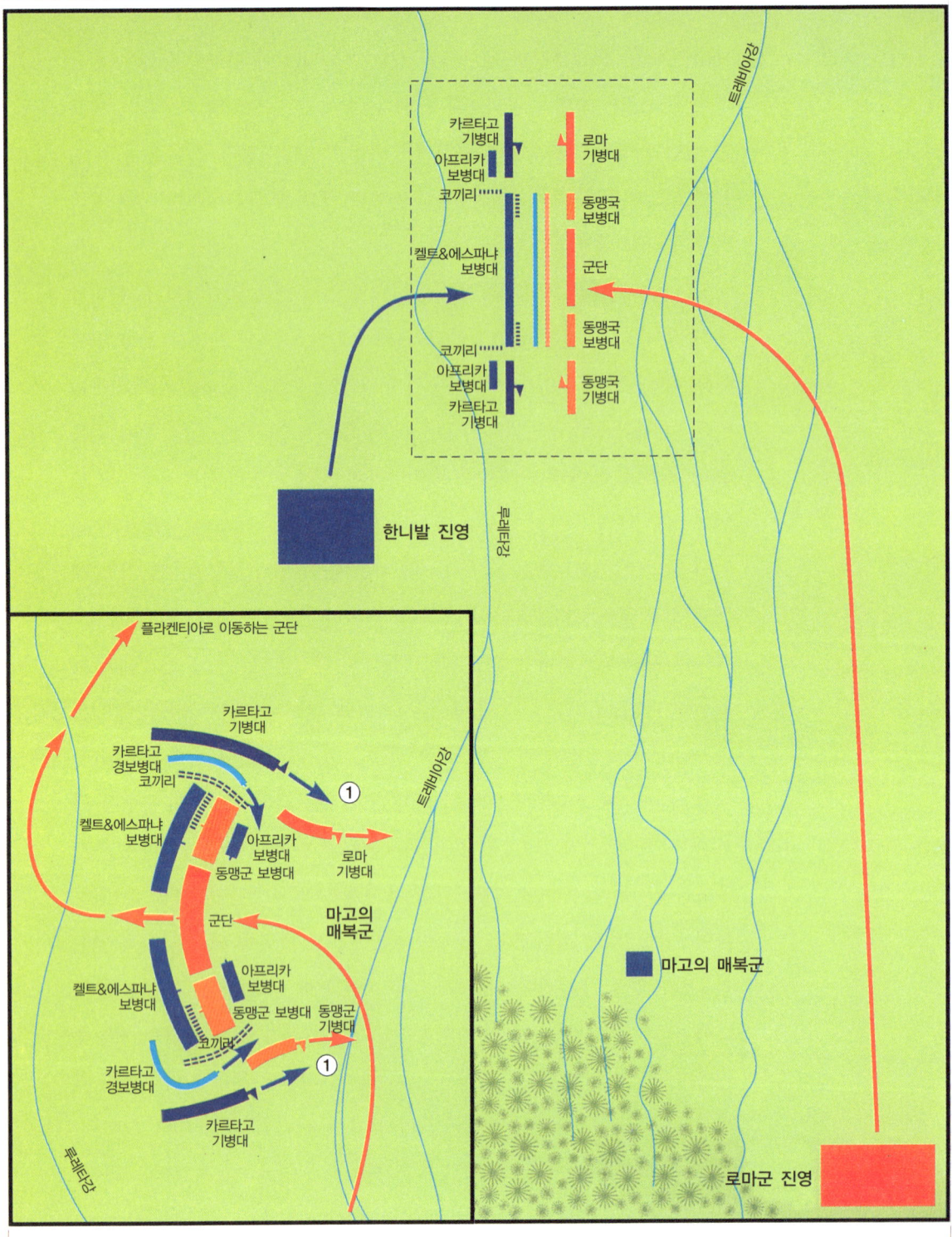

이용하여 한니발이 계획한 것이었다. 한편, 셈프로니우스군과 스키피오군이 합류한 이후의 지휘권은 셈프로니우스의 손에 맡겨졌다. 스키피오는 아직 부상에서 회복되지 않았기 때문이었다.

폴리비우스의 기록에 따르면, 트레비아 전투 직전에 스키피오는 셈프로니우스에게 전투를 피하고 "상황을 관망하라"고 조언했다고 한다. 하지만 셈프로니우스는 스키피오의 조언을 무시했다. 역사가 폴리비우스는 트레비아의 참패에 관한 한 그 어떠한 책임도 스키피오에게 부과하지 않고 있다. 우리는 여기에서도 폴리비우스의 일관된 시각을 엿볼 수 있다. 폴리비우스는 칸나이 전투를 포함한 '한니발 전쟁'을 다루며 주요한 사건들을 기술할 때마다 자신이 지지하는 '스키피오 아이밀리아누스'와 그 조상들이 비난의 대상이 되는 것을 용납하지 않고 있다. 예를 들어 폴리비우스는 한니발 전쟁 기간 동안 아이밀리(Aemilii)와 스키피오 가문이 보여준 활동들에 대해서는 마치 작정하고 그들을 부각시키려는 듯 지나치게 구체적으로 기록하고 있다. 폴리비우스는 그들과 관련해서라면 역사의 왜곡도 서슴지 않는다. 리비우스 역시 한니발 전쟁과 관련된 기록에 있어서 폴리비우스와 다를 바 없지만 그 의도성은 덜한 듯하다.

한니발은 로마군과의 첫 접전이라 할 수 있는 트레비아 전투에서 대승을 거두었고 로마 병사의 절반 이상을 죽였다. 추운 계절이 가까워오자 한니발은 포 계곡에서 겨울을 나면서 켈트 동맹군을 보충하기로 했다. 그리고 다시 봄이 되자 그는 남쪽으로 이동했다.

| BC 217년, 트라시메네 전투 |

'로마연합의 해체'라는 중요한 목적을 달성하기 위해 한니발은 전쟁의 장소를 이탈리아 남부로 옮길 필요가 있었다. 그는 이탈리아 남부의 도시들로부터 원조를 받을 수 있으리라 믿었으며, 그들의 변절이 로마의 명분을 손상시키는 데 매우 효과적일 것이라 생각했다. 하지만 이탈리아 남부로 이동하기 위해서는 아펜니네스(Apennines) 산맥이라는 거대한 천연장벽을 돌파해야만 했다.

BC 217년, 한니발이 선택할 수 있는 루트는 두 가지뿐이었다. 두 경우 모두 그의 남하를 저지하려는 로마군이 배치되어 있었다. 그나마 조금 수월한 첫 번째 루트는, 포 계곡을 지나 아리미눔에 도착한 다음 다시 티베르 계곡으로 산맥을 가로지르는 방법이었다. 로마군이 배치된 장소는 아리미눔이었다. 그곳에서 새로운 집정관 중 한 명인 세르빌리우스 게미누스(Servilius Geminus)가 로마군을 통솔하고 있었다. 그는 열두 번째와 열세 번째의 2개 군단으로 이루어진 표준적인 집정군과 동맹 부대들을 함께 인솔하고 로마를 출발했다. 이른 봄에는 플라켄티아를 떠나 아리미눔에 도착한 군단1과 군단2의 경험 많은 병사들도 세르빌리우스의 휘하로 들어왔다.

결국 한니발은 다른 루트를 선택했다. 에트루리아의 아르노(Arno)강 계곡으로 이어지는 길이었다. 이 루트의 가장 큰 장점은, 산맥을 가로질러 목표 지역에 이르는 길이 6가지나 되었기 때문에 그 중 하나를 선택할 수 있다는 점이었다. 한니발은 BC 217년의 또다른 집정관인 플라미니우스가 지휘하는 두 번째 로마 집정군이 아레티움(Arretium)에 진을 치고 있다는 사실을 알고 있었다. 한니발이 6개 루트 중에서 어떤 길을 선택하게 될지 알 수 없는 상황에서 로마인들이 실제로 그의 길을 가로막을 만큼 재빨리 대응하기란 어려울 터였다. 이러한 이유에서 한니발은 볼로냐(Bologna)와 피스토이아(Pistoia)를 지나 파소 데 콜리나(Passo de Collina)를 경유하여 에트루리아에 이르는 가장 가까운 길을 포기했다. 대신에 그는 플라미니우스가 가장 예상하기 힘들 만한 루트를 선택했다. 아펜니네스 산맥을 가로지른 한니발이 자신의 군대를 이끌고 지나가야 할 아르노 계곡이 눈 녹은 물과 많은 양의 봄비로 범람하고 있다는 사실은 플라미니우스도 알고 있었다. 플라미니우스는 대규모 군대가 이 계곡을 건너가는 것이 불가능한 일이라고 생각하고 있었다. 그러나 한니발은 안내자들을 통해 그 지역의 지면이 의외로 단단하다는 사실을 확인했다.

5월 초에서 중순경에 한니발의 군대는 아펜니네스 산맥을 가로질러 범

한니발의 스펙터클한 매복과 플라미니우스가 이끄는 로마군의 패배는 모두 트라시메네 호수 북쪽 연안의 한 지점에서 발생했다. 가장 유력한 장소들 중 하나는 파시냐노(Passignano) 부근인데, 호수에 있는 두 개의 섬 중에서 작은 섬의 오른쪽 지역이다. (이탈리아 관광청)

람하는 계곡으로 들어갔다. 4일 동안 그들은 물을 헤치며 걸었고 늪에 빠져 고생하기도 했다. 한니발은 겁 많은 켈트족들이 난관에 직면하는 즉시 달아나버리는 상황을 방지하기 위해 미리 단단히 조치를 취해두었다. 그러나 그 행군에서 무엇보다 그들을 가장 힘들게 했던 것은 궁핍이었다. 상황은 열악했다. 밤이 되면 병사들은 물 속에서 죽은 동물들의 시체 위에서 잠을 청해야 했다. 그 와중에 한니발은 안염(眼炎)에 걸려 한쪽 눈의 시력을 상실하고 말았다. 3박 4일 후, 마침내 한니발의 군대는 늪에서 벗어나 피에솔레(Fiesole)의 마른 땅을 밟을 수 있었다.

트라시메네 전투에 앞선 로마 진영의 움직임은 역사가인 폴리비우스와 리비우스가 집정관 플라미니우스의 인물됨을 어떻게 묘사하고 있느냐에 따라 그 의미가 매우 달라진다. 그들이 묘사하고 있는 바에 따르면, 플라미니우스는 거만한 반(反)원로원 선동가로서 집회에서의 대중적 인기를 등에 업고 집정관에 당선되었다고 한다. 그는 로마가 아닌 아리미눔에서 집정관에 취임했는데, 이는 전통에 따른 집정관의 임명 절차에 엄격했던 로마인들을 당황하게 만들었다. 리비우스는 이를 두고 당시 플라미니우스가 얼마나 원로원을 경멸했는지를 엿볼 수 있게 하는 사건이라고 언급했지만, 사실 플라미니우스는 그러한 의례적인 절차가 시국에 적합하지 않다고 판단했을 뿐이다.

당시 그의 최우선 관심사는 오로지 한니발에 맞설 군대를 준비하는 것뿐이었다. 그는 이미 BC 223년에 집정관으로서 군사적인 경험을 쌓았고, 같은 해에 알프스 남부 갈리아에서 인수브레스족을 무찌른 공로를 인정받아 재선된 인물이었다. 그가 승리를 얻게 된 과정을 보면 그가 결코 무능한 인물이 아니었음을 알 수 있다. 따라서 트라시메네 전투 이전과 트라시메네 전투 과정에서 일어난 일들에 관한 고대 역사가들의 기록은 다분히 비판적인 입장에서 받아들일 필요가 있다. 이전의 셈프로니우스, 이후의 바로(Varro)와 마찬가지로 플라미니우스 또한 역사 왜곡의 희생양이기 때문이다.

한니발은 의도적인 행동을 함으로써 플라미니우스를 서둘러 전장으로 끌어내었다. 카르타고군이 막 들어선 에트루리아는 기름지고 비옥한 땅이었다. 한니발은 이 지역 전체를 파괴하고 약탈했다. 집정관 플라미니우스가 또다른 집정관 게미누스의 군대가 당도하기 전에 아레티움의 진영에서 뛰쳐나오도록 유인한 것이다. 그러나 한니발의 예상과 달리 그는 진영 밖으로 나오지 않았다. 심지어 한니발은 로마군 진영에서 자신들을 잘 볼 수 있는 위치까지 군대를 끌고 오는 무모함을 보여주었다. 그러나 플라미니우스는 요지부동이었

2세켈짜리 동전. 에스파냐 지역에서 카르타고 세력의 확장을 책임졌던 한니발의 아버지, 하밀카르 바르카의 모습이 새겨진 것으로 추정된다.

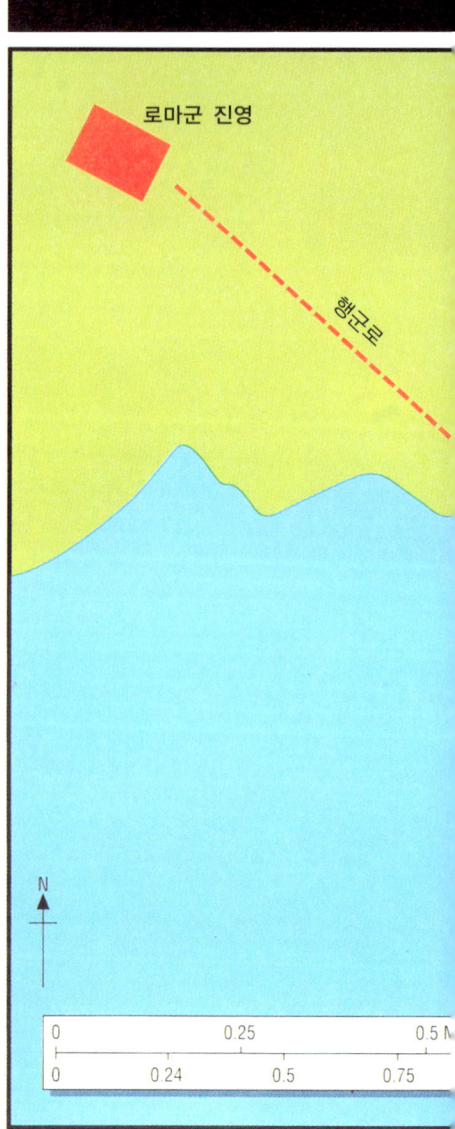

다. 그 후에 플라미니우스가 진지를 거두고 카르타고군을 쫓기로 결정을 내린 것에 대해, 폴리비우스와 리비우스는 충분히 있을 법한 상황을 끼워 넣는 식으로 다시 한 번 왜곡을 시도하고 있다. 리비우스에 따르면, "참모들과 장교들이 한 목소리로 신중을 기할 것을 요구"했음에도 불구하고 분

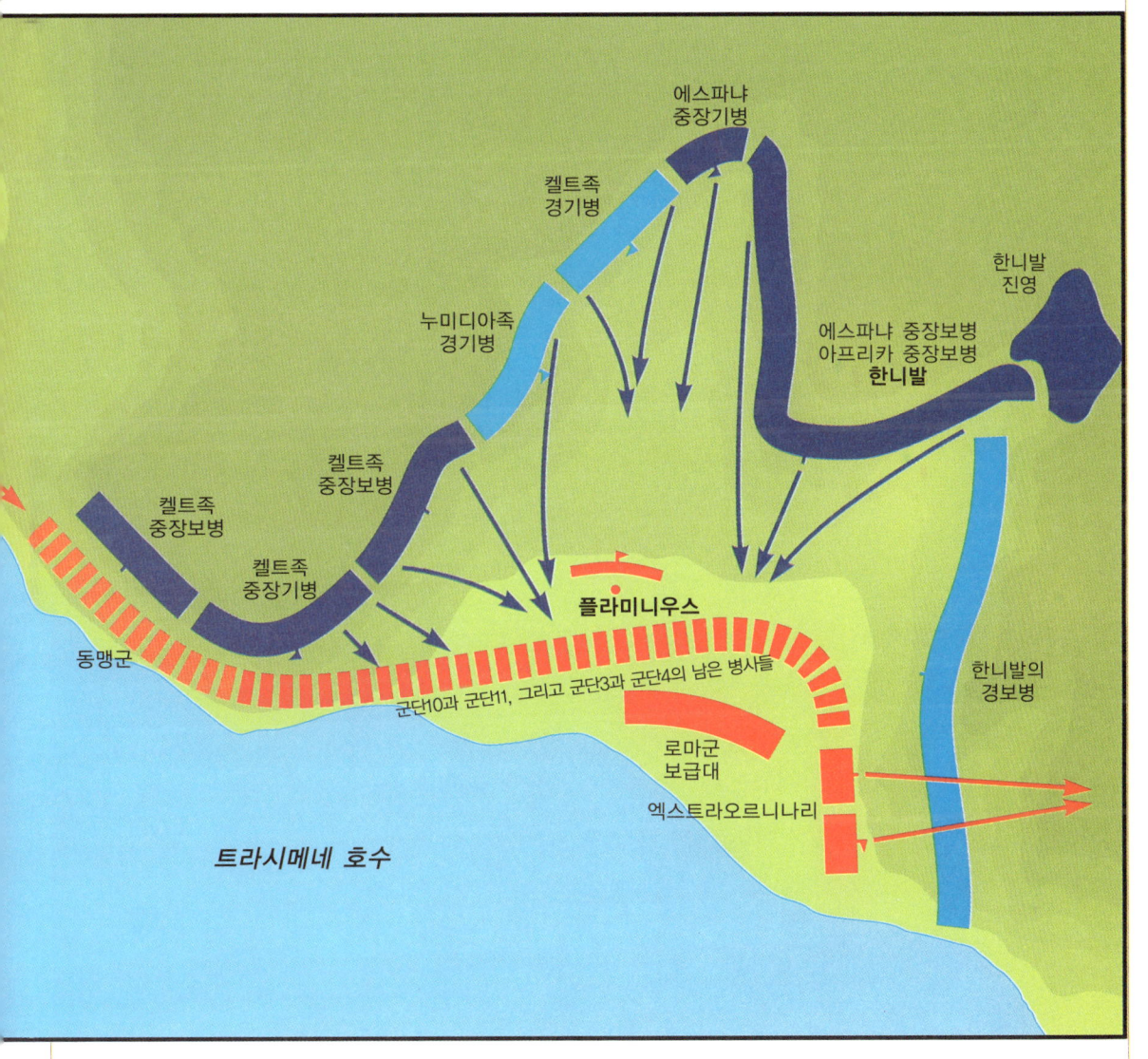

BC 217년 6월 21일 트라시메네 전투

〈102쪽 위〉 서쪽 연안에서 바라본 트라시메네 호수. 전투는 사진 속에서 중심부를 벗어나 왼쪽으로 보이는 보르게토(Borghetto)곳에서 벌어진 것으로 추정된다. 사진 속의 지역은 호수의 북서쪽 가장자리에 위치하고 있다. (이탈리아 관광청)
〈102쪽 아래〉 호수와 매우 근접하여 넓게 펼쳐진 지역을 전체적으로 보여주는 사진이다. 울퉁불퉁하게 이어진 언덕들과 사화산의 모습이 인상적이다.
〈103쪽〉 산귀네토(Sanguineto)와 투오로(Tuoro) 마을 근처의 20피트 깊이 구덩이에서 화장된 시신들이 발견되었다. 여기에는 로마군의 시신도 포함된 것으로 추정된다. 리비우스는 한니발이 "적군의 시체더미 속에서 카르타고 병사들의 시신을 골라내어 화장하라고 명령했다"고 전한다. 당시 카르타고군 시신들 중 한 구의 모습이다. 무기나 장비는 발견되지 않았다.

노에 휩싸인 플라미니우스가 독단적으로 추격을 결정했다는 것이다. 리비우스는 참모들의 구체적인 대사까지 동원하여 아예 처음부터 그들에게 절대적인 정당성을 부여하고 있다. 리비우스에 따르면, 당시에 로마군 장교들은 "다른 집정관이 도착할 때까지 기다렸다가 군대를 합쳐서 장차 있을 전투에 대비해야 한다"고 주장했다는 것이다.

그러나 사실 이것은 플라미니우스의 의도였을 가능성이 더 크다. 이미 집정관 게미누스는 플라미니우스를 향해 행군할 준비를 끝내놓고 있었다. 아마도 로마인들의 진짜 계획은, 집정관의 두 군대가 한니발을 양쪽에서 협공하여 무너뜨리는 것이었으리라. 그렇다면 플라미니우스는 한니발을 추격해야만 했다. 너무 빨리 전투가 벌어지지만 않도록 안전거리를 유지하면서 말이다. 한니발 또한 로마군의 이러한 의도를 알고 있었을 것이다. 실제로 플라미니우스가 자신을 쫓기 위해 움직이기 시작하자 한니발은 다른 집정관 군대가 도착하기 전에 플라미니우스를 전투에 끌어들이기 위한 적당한 장소를 물색했다.

아레티움을 지날 때 한니발은 트라시메네를 향해 남쪽으로 나아갔다. 한니발의 뒤

BC 2세기 후반 에스파냐 전사들의 모습. 리리아(Liria, 발렌시아)에서 발견된 도자기 그릇을 참고하여 그린 것이다. 갑옷과 장비로 보아 정예부대였음을 알 수 있으며 깃 장식 투구를 쓴 인물은 장교로 추정된다. (앵거스 맥브라이드 그림)

를 쫓던 플라미니우스의 군대도 그와 거리를 유지하며 군대를 이동시키고 있었다. 북쪽 연안을 따라 옛 도로를 행군하던 중, 한니발은 파시냐노 신흥 촌락의 북쪽 언덕 위에서 매복공격에 매우 적합한 장소를 발견했다. 6월 20일, 한니발은 호수의 북쪽 언덕들 중 한 곳에 진영을 세웠다. 그 무렵 플라미니우스는 서쪽 평원에 진지를 치고 있었다.

밤이 되자, 한니발은 달빛 아래에서 군사들을 언덕 꼭대기에 일렬종대로 배치했다. 다음날 아침, 플라미니우스는 진영을 거두고 호수 가장자리를 따라 옛 도로로 행군했다. 밤이 되면서부터 짙게 깔리기 시작한 안개는 로마군의 시야를 흐려놓아 산허리를 전혀 볼 수 없게 만들었다. 한니발에게는 행운이었다. 한니발의 군대는 로마군의 눈을 완전히 피해, 그들이 지나고 있는 곳보다 위쪽에서 산허리를 따라 걷고 있었다. 플라미니우스는 한니발의 움직임에 대한 정찰을 소홀히 했다. 그는 한니발의 군대가 수 마일 앞서가고 있는 것이 아니라 바로 근처에 있으며, 이미 전열을 갖추어 전투태세에 돌입했다는 사실을 뒤늦게 깨달았다. 전열의 가장 높은 곳으로부터 신호나팔 소리가 들려왔고 산허리의 병사들에게 명령하는 한니발의 강렬한 외침이 온 언덕에 울려퍼졌다. 그 아래쪽에서 행군하고 있던 로마군은 혼비백산했다.

너무도 예상 밖의 갑작스런 공격이라 로마군은 채 전열을 갖출 수도 없었다. 한니발의 기병대는 로마군의 종렬 전체로 맹공을 퍼부으며 거세게 몰아쳐왔다. 종대의 선두에 있던 로마군 선봉대의 병력 6,000명만이 적군의 저지선을 돌파하여 탈출할 수 있었다. 작은 언덕의 보다 안전한 위치로 퇴각해 있던 그들은 절망적인 상황에 처한 전우들이 호수로 떠밀려 물에 빠져죽는 광경을 목격해야 했다. 켈트족들과 특히 인수브레스족들은 BC 223년에 플라미니우스로부터 쓰라린 패배를 맛보았던 기억을 가지고 있기 때문에 로마군에 대한 앙심이 대단했다. 그들은 이번 전투를 복수의 기회로 삼았다. 플라미니우스를 살해한 것도 인수브레스 기병대의 데쿠리우스(Decurius)였다. 그는 플라미니우스를 둘러싸고 있던 트리아리를 먼저 처치한 다음 집정관을 창으로 찔러 죽였다.

많은 로마군들이 익사의 운명에 처했다. 물 속으로 떠밀린 것이든, 추격해오는 적군을 피해 필사적으로 도망치려던 것이든, 수많은 로마 군사들은 호수 바닥의 미끄러운 진흙 속에서 중심을 잃었고, 급기야는 자신을 보호하기 위해 입었던 로리카이 갑옷의 무게 때문에 물 속 깊숙이 가라앉고 말았다. 한니발의 군대가 로마의 군대를 완전히 궤멸시키는 동안 피비린내 가득한 3시간이 흘렀다. 정오 무렵이 되자, 모든 상황은 종료되었다. 1만 5,000명의 로마군이 사망했고 1만 명이 포로로 붙잡혔다. 한니발은 자신의 상대는 로마일 뿐이라며 동맹군 병사들을 풀어주었다. 다음날이 되자 흩어져 달아났던 로마군 6,000명이 투항했다. 한니발도 병사 1,500명을 잃었으나 엄청난 대승인 것만은 사실이었다.

당시 로마군의 병력 규모에 대해서는 그간 많은 논쟁이 있었다. BC 217년에 징집된 군단10 및 군단11과 상응한 동맹국 부대 그리고 셈프로니우스의 2개 군단 소속으로 트레비아 전투에서 살아남은 경험 많은 병사들이 플라미니우스의 지휘 아래 있었다. 이들을 모두 합친다면 당시 로마군의 전체 규모는 3만 명 정도였을 것이다. 그 중에서 무려 2만 5,000명이 트라시메네 호수에서 살해당하거나 사로잡혔다. 이 전투의 참패로 인해 로마에는 이제 야전군이 남아 있지 않았다. 한니발이 이 사실을 몰랐을 리 없다. 따라서 그가 로마로 진격하지 않기로 결정한 것에 대해서는 '치명적인 실수'라는 의견이 지배적이다. 하지만 표면적으로 아무리 많은 매력이 있었다 하더라도 한니발은 적의 수도로 진격하는 것을 결코 원하지 않았다. 수도 로마를 장악하는 것은 그의 군대의 능력을 벗어나는 일이었다. 그것은 로마연합의 해체를 통해 로마를 붕괴시킨다는 그의 전략에도 어긋나는 일이었다.

한니발은 다시 아펜니네스 산맥을 넘어 서에서 동으로 이동하며 남부 이탈리아를 향해 나아갔다. 로마의 지배에 최근까지 저항했던 삼니테스족과 여타의 다른 민족들 사이에서 한니발은 미래의 동맹국을 확보하고 로마를 파멸로 이끌 수 있는 방법을 모색하고자 했다.

# BC 217~216년, 파비우스식 전략

트라시메네 호수의 끔찍한 패배 소식은 즉시 로마로 전해졌다. 도시는 공포와 혼란에 휩싸였다. 원로원 건물의 계단에 서서 대중에게 연설을 하던 프라이토르(praetor, 법무관) 마르쿠스 폼포니우스(Marcus Pomponius)는 추호의 꾸밈없이 다음과 같이 말했다. "우리는 큰 전투에서 패배했습니다." 며칠 지나지 않아 또다시 나쁜 소식이 들려왔다. 플라미니우스와 합류하기 위해 길을 떠난 로마 기병대가 매복공격을 받아 4,000명 전원이 죽거나 포로가 되었다는 소식이었다. 이제 상황이 극단적인 지경에 이르렀다는 판단 하에 로마 원로원은 가장 효과적인 국가통합체제를 구축하기 위해 '딕타토르(dictator)', 즉 '독재관' 지명이라는 오래된 전통에 의지했다. 딕타토르는 집정관 두 명의 임페리움(군사지휘권)을 겸했고 임명과 동시에 6개월 동안 다른 모든 고관들을 통솔해야 했다.

원래는 집정관들 중 한 명이 경험이 풍부한 적임자를 지명하는 것이 전통이었으나 플라미니우스는 이미 죽었고, 한니발이 아펜니네스 산맥을 넘어 동쪽으로 나아가며 길목을 차단하고 있었기 때문에 게미누스 또한 로마로 돌아올 수 없는 상황이었다. 로마인들은 어쩔 수 없이 예외적인 일반투표를 통해 독재관을 선출했다. 그렇게 독재관으로 임명된 인물이 파비우스 막시무스였다. 그러나 그가 제시한 새로운 전략은 원로원의 실력자들에게 환영받지 못했다. 트레비아와 트라시메네의 비극을 목격했음에도 불구하고 여전히 원로원의 실력자들은 정면대결을 통해 한니발을 꺾을 수 있다고 믿고 있었기 때문이다. 그들은 부사령관을 직접 고를 수 있는 파비우스의 권리를 부정함으로써 독재관에게 주어진 군사행동의 자유를 제한했다. 그 대신 자신들과 한패였던 전(前)집정관 미누키우스 루푸스를 '마지스테르 에퀴툼(Magister Equitum)', 즉 기병대장 겸 부사령관의 자리에 슬그머니 앉혔다.

트라시메네 호수에서 잃은 병력을 보충하기 위해서는 하루빨리 4개 군단을 새롭게 징집해야 했다. 이 중에서 2개의 군단은 '도시 군단'이었을 가능성이 있다. 나이든 남자와 젊은이들로 구성된 이들은 '로마 수비'라는 특별한 임무를 위해 징집되었다. 이 책에서는 이들 군단을 전투 서열에 따라 임시로 '군단16' 및 '군단17'로 표기하고 있다. 리비우스에 따르면, 파비우스가 집정관 게미누스와 합류하기 위해 함께 데리고 갔던 군단14와 군단15는 "행군 도중에도" 계속 훈련을 받았다고 한다. 한편 리비우스의 이러한 설명은 폴리비우스의 기록 이전의 것이다. 폴리비우스는 파비우스가 새로 징집한 4개 군단을 모두 이끌고 이동했다고 전하고 있다. 어쨌든 새로운 독재관의 명령에 따라 집정관 게미누스는 휘하 4개 군단을 이끌고 아리미눔을 떠나 남쪽으로 행군했다. 그 4개 군단에는 군단12와 군단13, 그리고 새롭게 강화된 군단1과 군단2가 포함되어 있었다. 두 부대의 합류 이후 파비우스는 게미누스에게 해군 지휘권을 넘겼으며 자신은 6개 군단을 모두 이끌고 곧장 한니발의 뒤를 좇기 시작했다.

트라시메네 전투가 끝나고 몇 주 동안 한니발은 자신의 군대를 이끌고 움브리아를 지나 피케눔을 경유한 다음 6월 말경 아드리아 해안에 도착했다. 그들은 이곳에서 충분한 휴식을 취하면서 지난해의 격렬한 작전으로 쌓인 피로를 풀었다. 상태가 완전히 회복되자 카르타고군은 지나는 길마다 농작물을 불태우며 남쪽으로 진격했다. 파비우스가 아풀리아(Apulia)에서 한니발을 따라잡자, 한니발은 즉시 전열을 가다듬고 전투태세를 갖추었다.

파비우스는 새로운 전략에 따라 한니발의 도전을 무시하고 카르타고군의 행군로 위쪽 산악지대에 군대를 주둔시킨 채 신중하게 때를 기다렸다. 주기적으로 소규모의 파견대를 보내 군수 보급에 나선 카르타고 병사들을 공격하기는 했지만 그것이 전부였다. 이러한 작전은 한니발 군대에 물자 부족을 초래했을 뿐만 아니라 차츰 로마군들의 자신감 회복에도 도움이 되었다. 파비우스의 전략은 새로운 상황전개를 야기했고, 로마군을 또다른 전투로 끌어들이려는 한니발의 의도에 정면으로 배치되는 것이었다. 한니발로서는 최대한 빈번한 전투를 유도하여 전술상의 우세를 점하는 것이 중요했고, 무슨 일이 있더라도 소모전으로 이어지는 것만은 막아야 했다.

한니발은 파비우스를 직접 도발하여 전투에 뛰어들지 않고는 배길 수 없도록 만들겠다고 결심했다. 그는 즉시 군대를 이끌고 서쪽으로 이동하여 다시 아펜니네스 산맥을 넘고 베네벤툼(Beneventum)을 경유한 다음 캄파니아로 내려가 '아게르 팔라르누스(ager Falarnus)'로 알려진 광대하고 비옥한 지역으로 들어갔다. 한니발은 병사들에게 이 지역을 휩쓸어 물자를 확보하고 남아 있는 모든 것들을 불태우고 파괴하라고 명령했다. 이러한 행동을 통해 로마 동맹국들에게 경종을 울리겠다는 의도였다. 이런 식의 고의적인 파괴에도 파비우스가 아무런 조치도 취하지 않는다면 로마군 스스로가 한니발로부터 로마연합을 지킬 힘이 없음을 증명하는 셈이었다. 그러나 동맹국들이 로마에 대한 충성을 저버릴 것이라는 한니발의 기대는 좌절되었고 파비우스를 전투로 끌어내지도 못했다. 아게르 팔라르누스는 불탔지만, 그것만으로 파비우스를 언덕에서 끌어내기란 역부족이었다. 사실 당시에 파비우스는 미누키우스와 다른 장교들의 압력에 시달리고 있었다. 성난 그들은 전투를 원했으나 파비우스는 단호하게 거부했다.

계획이 실패하자, 한니발은 어찌해야 할지 알 수 없었다. 전리품과 식량은 충분했으나 아게르 팔라르누스에서 겨울을 보낼 수는 없었다. 다른 곳으로 이동해야 했지만 한니발이 염두에 두고 있던 알리파이(Allifae)로 가는 길목은 이미 파비우스가 차단하고 있었다. 파비우스는 카르타고군의 퇴로에 병력 4,000명을 매복해놓고 한니발의 군대가 아게르 팔라르누스를 떠날 때 기습할 계획이었다. 한니발이 아게르 팔라르누스를 벗어나려면 반드시 그곳을 지날 수밖에 없을 터였다. 이제 한니발은 옴짝달싹할 수 없는 지경에 놓이고 말았다. 그러나 이러한 진퇴양난의 상황 속에서 한니발이 생각해낸 해결책은 인류의 전쟁사를 통틀어 가장 유명한 책략 중 하나이다. 한니발은 먼저 소 2,000마리를 끌어 모아 쇠뿔에 나뭇가지 묶음을 매달도록 지시했다. "한밤중이 되자" 카르타고군은 나뭇가지에 불을 붙여 적진 깊숙이 소떼를 몰았다. 한니발이 의도한 바대로, 퇴로를 차단하고 있던 로마군 4,000명은 수많은 횃불의 행렬을 보고 카르타고군이 자신들의 측면을 포위했다고 생각했다. 로마군은 즉시 자신들이 지키고 있던 길목을 포기하고 적군의 탈출을 막기 위해 움직이기 시작했다. 그들이 떠나자 한니발은 군대를 이끌고 퇴로를 유유히 빠져나갔다. 카르타고군이 달아났다는 소식을 뒤늦게 전해 들은 파비우스는 그럼에도 불구하고 부대를 진영에 묶어두기로 결정했다. 그는 날이 밝아서야 한니발의 추격에 나섰다.

한니발은 게루니움 인근 지역이 겨울을 나기에 매우 적합하다는 정보를 전해 듣고 북부 아풀리아를 향해 나아갔다. 그런데 파비우스는 갑자기 로마로부터 소환 명령을 받았다. 표면적으로는 종교적인 이유였으나 실제로는 그의 전략을 비난하기 위한 목적으로 원로원이 호출한 것이었다. 바로 이때부터 '지연자'라는 뜻의 '쿤크타토르(cunctator)'라는 경멸적인 별명이 그의 이름에 따라붙었다. 부사령관 미누키우스는 주민들을 학살하고 게루니움을 점령한 한니발의 군대를 추격하기 위해 계속 행군했다. 당시 한니발은 병력의 3분의 1 정도만 도시의 방비를 위해 남겨둔 채 나머지 군사들은 겨울을 나기 위한 물자와 식량을 확보하도록 멀리 내보낸 상황이었다. 미누키우스는 게루니움에 도착하자마자 카르타고군을 상대로 소규모 전투를 벌여 작은 승리를 거두었다. 그러나 이 소식이 로마에 닿을 무렵에는 '대승'으로 크게 부풀려져 있었다. 거듭된 패배로 침통해 있던 데다 파비우스의 지루한 전략에 환멸을 느끼고 있던 로마인들, 특히 그동안 한결같이 공격적인 전략을 주장하던 사람들에게 이러한 소식은 자신감을 심어주기에 충분했다.

이에 대한 보상으로, 또한 의심할 여지 없이 독재관 파비우스의 임기

에트루리아의 설화석고 납골 항아리. 이탈리아 기병으로부터 공격을 받는 두 명의 갈리아인을 묘사하고 있다. 갈리아인들은 돋을새김 장식에 가시가 있는 그들만의 독특한 타원형 방패를 들고 있으며, 기병은 로마군이 입던 '로리카 세그멘타타(lorica segmentata)'의 모델이 된 갑옷을 착용하고 있는 듯하다. (에트루스카 학술박물관, 코르토나 Cortona)

말 권력을 약화시키려는 목적 하에, 로마 원로원은 부사령관 미누키우스의 임페리움(군사지휘권)을 파비우스와 동등한 수준으로 격상시켰다. 때문에 파비우스는 군사 지휘에 어려움을 겪기 시작했다. 로마에서 아풀리아로 돌아오는 길에 파비우스는 미누키우스에게, 날짜를 나누어 지휘권을 번갈아 행사하거나 아니면 군대를 둘로 나누어 각각 한 부대씩 지휘하자고 제안했다. 미누키우스는 후자를 선택했다. 그러나 게루니움 근처에서 반쪽짜리 군대만을 이끌고 한니발을 치려 했던 미니키우스는 절반에 가까운 병력을 잃었고, 때마침 합류한 파비우스의 도움으로 겨우 목숨만 건질 수 있었다. 자신의 실수를 깊이 뉘우치고 겸손해진 미누키우스는 다시 군대를 합치는 데 동의했다. 시간이 흘러 그 해의 '출정 시즌'이 막바지에 이르자, 양측 군대는 겨울을 나기 위해 각각 요새화된 진지로 철수했다.

## BC 218~216년, 한니발의 이탈리아 원정

칸나이 BC 216

**〈116쪽〉** BC 218년 11월 초중반, 한니발의 군대는 알프스 산맥을 넘어 이탈리아로 진격했다. 티키누스강에서 로마의 대규모 기병대와 첫 번째 작은 충돌이 있었고(1) 카르타고군이 승리했다. 최초의 대규모 전투는 12월 22일에 트레비아강(2)에서 벌어졌다. 이 전투에서 로마군은 1만 5,000명에서 2만 명 가량의 병사들을 잃었다. 한니발은 포 계곡(3)에서 겨울을 보냈다. 봄이 되자 그는 아펜니네스 산맥을 가로질러 (아마도) 파소 델라 콜리나(4)를 경유한 다음 에트루리아에 도착했다. 물이 불어난 아르노 계곡을 건넌 한니발은 아레티움에서 집정관 플라미니우스의 군대를 지나쳐 행군했다. 플라미니우스는 그의 뒤를 쫓았고, 6월 21일에 한니발은 트라시메네 호수(5) 연안에서 로마군을 매복공격하는 데 성공했다. 집정관은 살해당했고 로마군은 1만 5,000명의 병사를 잃었다. 또 한니발은 그와 비슷한 숫자의 로마군을 포로로 잡았다. 남쪽으로 행군을 재개한 그는 다시 아펜니네스 산맥을 넘어 아드리아 해안으로 이동했다. 한니발은 페스카라(Pescara)에서 휴식을 취하고 원기를 회복했다. 늦여름에 다시 행군에 나서 남쪽으로 나아가 아풀리아를 지나며 비옥한 지대를 모조리 황폐화시켰다. 파비우스가 도착한 후 한니발의 도발에도 로마군이 전투에 나서지 않자 카르타고군은 행군로를 변경했다. 그들은 서쪽의 삼니테스 언덕을 넘어 베네벤툼의 영토를 가로지른 다음 알려지지 않은 루트를 통해 캄파니아와 카푸아(6) 평원으로 내려갔다. 한니발은 파비우스가 언덕에서 내려와 전투에 나서도록 도발하려는 목적으로 일부러 그 지역을 약탈하고 불태웠다. 그러나 그의 계획은 실패하고 말았다. 출정 시즌이 막바지에 이르자 한니발은 겨울을 나기 위해 군대를 이끌고 아풀리아로 돌아가려고 했으나 언덕에서 그들의 움직임을 감시하는 로마군 때문에 섣불리 평원을 가로질러 아펜니네스 산맥을 넘을 수 없었다. 그러나 결국 한니발은 뛰어난 책략으로 파비우스를 속이는 데 성공했고 카르타고군은 달아날 수 있었다. 그는 산맥을 다시 넘어 아풀리아 북부의 게루니움(7)에 도착하여 그 해 수확된 밀을 약탈했다. 한니발은 게루니움에서 전(前)집정관 게미누스와 레굴루스가 이끄는 로마의 6개 군단 근처에서 겨울을 보내다가 BC 218년 6월에 월동 숙영지를 떠났다. 그는 칸나이(8)를 향해 남쪽으로 곧바로 나아갔다. 그리고 BC 216년 8월, 바로 그곳에서 한니발은 8개 군단으로 구성된 로마군을 궤멸시켰다.

## BC 216년, 파벌과 전략

BC 217년 12월, 파비우스는 독재관으로서의 6개월 임기를 마쳤다. 군대의 지휘권은 그 해의 집정관 두 명에게 반납되었다(그 중 아틸리우스 레굴루스Atilius Regulus는 죽은 플라미니우스를 대신하여 집정관으로 선출된 인물이었다). 그 무렵 로마는 원로원 내부의 파벌들로 인해 음모의 온상이 되어 있었다. 사람들은 저마다 자기 파벌의 후보를 이듬해 집정관으로 당선시키기 위해 온갖 술책을 서슴지 않았다.

그러던 중 BC 216년에 원로원에서 승인해야 할 '전략'을 놓고 파벌들 간에 논쟁이 벌어졌다. 실제로 전쟁이 진행되는 동안 원로원에 의해 채택된 군사전략과 집정관들을 통해 실행된 군사행동은 당시 세력을 형성하고 있는 파벌과 매우 밀접한 관련이 있었다. '파비우스식 전략'에 대한 경멸과 더불어 미누키우스의 작은 승전보로 그릇된 낙관주의에 젖은 대부분의 사람들이 공격적인 전략으로의 복귀를 주장할 것은 불 보듯 뻔한 일이었다. 그리고 실제로 원로원 대다수 의원들은 이러한 주장을 받아들였다. 그러나 뒤늦게 이러한 결정이 중대한 실수였음이 밝혀지자, 로마를 이끌어가는 원로원의 위신은 크게 실추되었다. 공격적인 전략의 옹호자들이 결국 원로원 전체의 신용을 떨어뜨린 셈이었다. 그들은 자신들의 이익과 명성을 보호하기 위해, 새로 선출된 BC 216년의 집정관들 중 한 명인 가이우스 테렌티우스 바로(Gaius Terrentius Varro)를 희생양으로 삼아 비난의 화살을 돌리고자 했다. 폴리비우스와 리비우스 역시 원로원과 동일한 시각에서 바로를 희생양으로 삼고 있다. 리비우스는 매우 거친 방식으로 자

설화석고 납골 항아리. 이탈리아 기병과 갈리아인들 사이의 전투를 묘사하고 있다. 말 아래에 있는 갈리아인은 말의 복부를 검으로 찌르고 있다. 켈트식 '라테네(Latene)' 검의 독특한 이중 칼자루가 눈길을 끈다. 배경의 오른쪽에는 나팔을 부는 나팔수의 모습이 보인다. (Mus. civ. 981, 키우시)

신의 주장을 전개하고 있는데, BC 216년의 극단적인 사건들은 모두 바로의 책임인 것 같다며 그를 강하게 비난했다. 이런 식의 '역사 다시 쓰기'로 인해 유발되는 인물과 사건에 대한 왜곡은 아예 칸나이 전투사 전체를 왜곡시킬 수도 있다. 이 문제는 우리의 주된 관심사에 속하므로 신중한 검토가 필요하다.

리비우스가 묘사한 바에 따르면, 새 집정관 바로는 '백정의 아들'로서 태생이 천할 뿐만 아니라 소위 '민중당(popular party)'으로 알려진 자들의 정치적 편견을 이용한 선동술로 권력을 획득했다. 또한 바로는 자신의 노력으로 바이비우스 헤렌니우스(Baebius Herennius)라는 인물의 조력을 얻어내는 데 성공했다. 리비우스는 바이비우스가 종종 경멸조로 반(反)원로원적인 연설들을 행했다고 기록하고 있다. 역시 리비우스는 이 선거가 "원로원의 질서와 대중들 사이에 가장 씁쓸한 논쟁을 불러일으켰다"는 점을 분명히 하기 위해 애를 쓰고 있다. 그럼에도 불구하고 바로는 귀족 후보 세 명과 평민 후보 두 명을 물리치고 당당하게 집정관에 선출되었다. 소위 '민중당'이 귀족계급인 '노빌레스(nobiles)'를 이긴 셈이었다. 그러나 리비우스는, 바로와 경쟁했던 모든 후보들도 "국가의 공직을 맡아 사회적 계급이 상승했다"는 식으로 노골적으로 언급하고 있다. 지금까지는 리비우스가 기록한 내용을 요약한 것에 지나지 않는다. 그러나 이 짧은 글들만 냉정하게 검토해보더라도 그의 기록들이 얼마나 자의적인지 금세 알 수 있다.

원로원과 대립했다는 '민중 정당'의 개념은 당시 로마의 실질적인 권력이 어디에 있었는지에 따라 달라진다. 리비우스가 제시한 '민중당'이라는 개념이 당시에 의회 내부에서 일하던 평민들을 확실하게 분류하기 위한 것이 아닐까 하는 추측을 해볼 수는 있다. 그러나 당시 로마에서는 원로원의 노빌레스들 사이에서 모든 실질적인 결정들이 이루어졌으며, 평민 대표들이 제시하는 의견들은 전혀 고려의 대상이 되지 않았다. 원로원은 이론상으로 '자문기구'였으나 로마인들에게는 사실상의 '정부'에 가까웠다. 리비우스 역시 한니발 전쟁의 역사를 다루면서 시종일관 원로원을 언급하고 있다. 집정관들은 전체 로마 시민의 '코미티아 켄투리아타(comitia centuriata, 시민총회)'에서 투표를 통해 선출되었으나, 실제로는 원로원의 특정 파벌로부터 강력한 지지를 받지 않으면 당선이 거의 불가능했다. 바로가 아무리 의회에서 열심히 지지를 호소했다 하더라도, 그것과는 별도로 하나 또는 그 이상의 강력한 귀족 가문으로부터의 후원이 대의를 이루는 데 반드시 필요했다. 후원자(patrones)로서 귀족들은 자신들의 영향력과 부를 이용하여 정치의 사다리를 오르는 클리엔테스(clientes, 피후견인)의 앞길을 밝혀주었다. 그 대신에 그 클리엔테스가 고위관직에 오르게 되면 반대로 후원해준 귀족들에게 이익을 가져다주리라는 기대가 존재했다. 그러한 후원을 획득했으며 전시(戰時)에 집정관이 되었다는 사실만 보더라도 바로가 제법 유능한 인물이었으며 리비우스의 말처럼 '백정의 아들'이나 혁명가는 더욱 아니었음을 알 수 있다. 정작 리비우스조차 바로가 전통적인 엘리트 코스(cursus honorum)를 밟았다는 사실을 기록하고 있다. 바로는 '콰이스토르 플레베이안(quaestor plebeian, 재무관)'에서 시작하여 '쿠릴레 아이딜레(curile aedile, 안찰관)'를 거쳐 '프라이토르(praetor, 법무관)'의 자리에 올랐다. 군사경험에 관한 직접적인 증거는 없지만, 그러한 면에서도 자격 조건이 갖추어지지 않았다면 결코 전시에 집정관의 자리에까지 오르지 못했으리라는 짐작은 해볼 수 있다. 또 칸나이 전투 이후 그에 대한 원로원의 호의적인 태도, 그가 BC 200년 무렵까지 군사적·외교적 역량을 줄곧 발휘했다는 점 등은 원로원이 그를 상당히 신뢰하고 있었음을 입증한다.

    리비우스는 바로가 법무관으로서 독재관 파비우스와 부사령관 미누키우스의 임페리움(군사지휘권)을 동일하게 하는 법안을 지지했다고 기록하고 있다. 이는 파비우스에 반대하는 파벌이 파비우스의 영향력을 제한하기 위해 사용한 장치였으므로 바로가 그들과 한편이었음을 은연중에 암시하고 있는 것이다. 미누키우스는 전쟁 발발 이래 로마군이 주로 채택해왔던 '공격적인 전략'을 다시 재개하려 했고, 이 부분과 관련하여 바로의 지지를 얻을 수 있으리라 확신했다. 바로가 집정관의 자리에 올랐을 때 그와 대립하는 원로원의 한 원로급 파벌이 파비우스 지지자들이었다는 점은 의미심장하다. 왜냐하면 바로의 주된 공격 대상이 전(前)독재관이었기 때문이다. 바로가 집정관이 되기까지 그의 후원자가 되어준 호민관 바이비우스 헤렌니우스(Baebius Herennius)는 귀족가문인 아이밀리(Aemilii)와 오랜 관계를 맺고 있는 집안 출신이었다. 스키피오 가문과 더불어 그들은 원로원 내에서 가장 영향력 있는 파벌을 이루고 있었으며, 한니발에 대항하여 공격적인 태도를 취하자는 입장을 지지했다.

BC 216년 집정관 선거의 유례 없이 독특한 성격과 정치적 음모의 뒤안에는 어떻게 해서든 파비우스의 재선만은 막으려는 아이밀리-스키피오 파벌의 굳은 의지가 숨어 있었다. 정면대결을 통해 한니발을 물리칠 수 있을 것이라는 그들의 강한 확신은, 의심할 여지 없이 자신들과 뜻을 같이하는 바로에 대한 지지로 이어졌다. 게다가 아예 그들의 구성원이었던 아이밀리우스 파울루스(Aemilius Paullus)가 또다른 집정관에 선출됨으로써 그들의 승리는 더욱 확실해진다. 바로와 파울루스는 '파비우스식 전략'을 즉시 폐기하고 원로원 대다수의 지지를 받으며 공격적인 전략을 채택했다. 그들은 BC 216년에 한니발과의 숙명적인 한판 대결을 강행할 예정이었다.

| **로마가 이전에 결코 취한 적이 없는 조치** |

원래 '파비우스식 전략'은 로마군이 한니발이라는 군사 천재에 맞서 야전에서 결정적인 승리를 거두기 어려울 것이라는 판단 하에 고안된 것이었다. 그러나 이제 원로원을 완전히 장악한 아이밀리-스키피오 파벌에게 그

러한 시각은 용인될 수 없는 것이었다. 원로원이 새로운 군단을 징집하는 법령을 공포함으로써 그들의 신념은 구체적인 실체가 되기 시작했다. BC 216년의 전투를 준비하면서 로마는 전쟁의 주도권을 잡기 위해 일련의 신중한 조치들을 취했다. 먼저 원로원은 세르빌리우스 게미누스와 아틸리우스 레굴루스의 임페리움 연장을 공포함과 동시에 어떠한 경우에도 한니발과의 교전을 시도하지 말 것을 명령했다. 전투는 오직 로마가 선택하는 시간과 장소에서만 이루어져야 했다. 상황은 앞선 두 차례의 패전 때와 전혀 달랐다. 원로원이 취한 이러한 조치들은, 파비우스가 이길 수 없다던 전면전에서 한니발을 무찌르기 위한 집단적인 준비의 일환으로 이해할 수 있다. 그들은 이러한 조치들이 분명 로마군에 유리한 쪽으로 전세를 이끌 것이라 확신했다.

'로마가 이전에 결코 취한 적이 없는 조치들'에 따라 원로원은 8개 군단을 전장에 배치했다. 압도적인 군대로 한니발과 교전하여 카르타고 군대를 짓밟아버리겠다는 각오였다. 지난 18개월 동안 로마가 입은 손실은 실로 어마어마했다. 트라시메네 전투 이후 4개 군단을 긴급히 추가 징집했으나 그들은 대부분 난생 처음 군대를 경험하는 이들이었다. 이처럼 4개 군단을 구성하는 데에도 무리가 있었으니 BC 216년의 8개 군단 징집이 로마로서는 얼마나 큰 무리였을지 짐작할 만하다. 특히 칸나이 전투 이후에는 병사를 끌어모으는 데 어떠한 자격도 묻지 않았던 원로원의 전례 없는 태도로 미루어 볼 때, BC 216년 초에는 이미 '재산 자격'이 보류되었던 것으로 보인다. 리비우스는 이러한 변화가 칸나이 전투 이후에 일어난 것이라고 주장하고 있지만, 이처럼 칸나이 전투 이전부터 시작된 것으로 보는 시각도 그리 터무니없는 것만은 아니다.

동맹군들도 로마군과 1 대 1의 비율로 보병대에 소집되었으며 로마 기병과 동맹군 기병은 각각 2 대 3의 비율로 징집되었다. 폴리비우스는 총 8만의 병력이 칸나이 전투에 배치되었다고 주장한다. 비록 그 모든 병력이 당일 전투에 참가한 것은 아니지만 어쨌든 엄청난 숫자임에는 틀림없다. 당시의 병력 규모는 논쟁의 대상이 되기도 했는데, 리비우스가 제시하는 숫자와 폴리비우스의 숫자가 일치하지 않기 때문이다. 그러나 폴리비우스의 수치를 의심할 만한 근거는 거의 없는 듯하다. 로마군이 배치한 유례없는 대규모 병력을 강조하는 그의 기록은 다른 여러 자료들을 통해서도 입증되었다. 전투가 끝나고 고급장교(군단 참모) 29명의 시신을 회수했다는 기록은 적어도 5개 군단이 전투에 참여했음을 말해준다. 살아남았을 장교들까지 고려한다면 적어도 5개 이상의 군단이 현장에 있었다는 뜻이 된다. 따라서 5개 군단보다 적은 규모는 생각하기 어려우며, 이 모든 것은 폴리비우스의 주장이 옳다는 가정 하에 진행된 계산이다.

8개 군단에 배치하기 위해 얼마만큼의 병력이 징집되었는지 그 정확한 숫자를 알기란 사실 불가능하다. BC 216년에 구성된 4개 추가 군단에는 보병 2만 명과 기병 1,200명이 징집되었던 것으로 보인다. 이 책에서 소개한 군단 배치표가 옳다는 가정 하에, 아마도 이 4개 군단이 모두 전투에 참가하지는 않았던 것으로 추정된다. 군단18과 군단19는 포 계곡에서 켈트족을 감시함과 동시에 한니발이 그 지역에서 군사력을 증강하는 것을 방지하기 위해 북쪽으로 파견된 상태였다. 이 2개 군단과 도시를 지키기 위해 로마에 남겨진 군단20, 군단21이 원로원이 예상하는 한니발과의 전면전에 투입될 수 있을 만큼 충분히 훈련되었는지는 의심스럽다. 특히 원로원은 한니발에게 패배한 가장 주된 이유들 중 하나로 '군대의 훈련 부족'을 꼽은 바 있다. 게다가 로마의 병력 중에서 특히 군단1과 군단2는 이미 많은 병력을 잃었으므로 군사 행동을 위한 표준 규모인 5,000명을 채우려면 상당수의 증원이 필요했다. 다른 군단들 역시 전투나 자연적인 감소로 인해 손실된 병력의 충원이 절실했을 것으로 짐작할 수 있다. 일단 게루니움에서 6개 군단의 증원이 이루어지자, 전체 병력은 적어도 군단병 3만 명과 기병 1,800명에 이르렀다. 이에 더해 오로지 라틴연합에서만 비숫한 수의 병력을 지원받아 동맹군 중장보병의 수는 로마군과 동일해졌고 동맹군 기병은 최소한 2,700명에 달했다. 시라쿠스의 히에로(Hiero)족도 뜻밖에 1,000명의 궁수와 투석병을 지원했다. 6개 군단과 동맹군 부대들까지 모두 더하면 게루니움에 집결한 로마군 수가 보병 6만 명, 기병 약 4,500명 이상에 이르렀을 것으로 예상된다. 기병 4,500명 중에는 소수이

에스파냐 전사의 모습. 전체가 철로 된 투창 여러 개와 '아트로피에드 안텐나이(atrophied antennae, 칼자루가 있는 곧은 검)'를 갖고 있다. 칼집의 바깥쪽에는 휘어진 단도가 들어 있다. '카이트라(caetra)'를 들고 있으며 독특하고 폭이 넓은 금속이 달린 벨트를 착용하고 있다. 투구는 가죽으로 만든 것처럼 보이며, 보강을 위한 금속띠가 둘러져 있다. (앵거스 맥브라이드 그림)

지만 불확실한 규모의 기병들도 포함되어 있었는데, 이들은 본래 게루니움에 있던 로마군들로 보는 것이 적절할 듯하다.

마지막 병력 증원은 바로와 파울루스가 통솔하는 군단16과 군단17이 전투에 앞서 본대와 합류하기 위해 로마에서 남쪽으로 이동할 때 이루어졌다. 트라시메네 전투 이후 긴급 징집을 통해 구성된 이 2개 군단은 군사 훈련까지 모두 마친 다음에 합류했다. 이로써 1만 명의 군단병과 600명의 기병대, 그리고 비슷한 수의 동맹군 보병과 900명의 동맹군 기병이 더해졌다. 지금까지의 분석을 통해, 어떻게 보병 8만 명과 기병 약 6,000명이라는 구체적인 숫자가 도출되었는지가 설명된다. 이로써 칸나이 전투에 참여한 로마 병력에 관한 폴리비우스의 주장은 보다 신뢰를 얻을 수 있다.

| 칸나이로 가는 길 |

한니발은 6월 봄까지 기다린 후에 게루니움의 월동 숙영지를 철거했다. 그가 6월이 되도록 지체한 것은 그 지역의 조기 추수 시기를 노린 의도적인 행동이었다. 한니발은 추수가 끝나자마자 숙영지를 버리고 특유의 빠른 속도로 곧장 남쪽으로 120킬로미터 떨어진 몰락한 성채도시, 칸나이로 향했다. 칸나이는 로마군의 식량 창고로 사용되는 곳이었다. 그곳에는 곡식, 기름, 그리고 그 밖의 다른 식량들이 저장되어 있었다. 게다가 새로 설치한 진영 아래쪽 평원에서는 농작물이 한창 여물어가고 있었다. 덕분에 한니발은 그가 필요로 하던 풍부한 식량을 얻을 수 있었다. 병사들은 자신들의 복지에 그토록 신경을 써주는 지휘관에게 분명 감동했을 것이다. 하지만 칸나이를 점령함으로써 한니발이 의도적으로 로마를 자극하려 했다는 것은 아무도 알아차리지 못했을 것이다. 원로원은 시칠리아와 사르데냐의 다른 지역에서 곡물을 조달하려는 파비우스의 대안을 격려하기는 했지만, 한니발 전쟁 당시의 로마는 이탈리아의 곡창지대, 특히 아풀리아 지역으로부터의 식량공급에 절대적으로 의존하고 있었다. 초여름의 곡식들이 대부분 그곳으로부터 왔으며, 대부분의 로마군은 곡식이 저장되어 있는 그 지역의 식량창고에 의지하고 있었다. "가능한 모든 방법을 동원하여 적군을 전장으로 끌어내야 한다"는 생각으로 머릿속이 가득차 있던 한니발은 로마의 식량선을 끊음으로써 곧 로마군이 남쪽으로 달려와 전투를 개시하리라는 것을 믿어 의심치 않았다.

원로원은 한니발이 게루니움을 떠났다는 소식을 전해듣고 이제 전투에 임할 때가 되었다고 판단했다. 폴리비우스에 따르면, 당시 원로원은 게미누스와 레굴루스에게 두 명의 집정관들과 그들의 군대가 도착할 때까지 기다리라고 지시했다고 한다. 그들은 한니발의 군대를 추격하고 있었는데, 전투를 피해야 한다는 것은 알고 있었기에 충분한 거리를 두고 그의 행로를 좇으며 만에 하나 있을지도 모를 매복의 가능성에 대비했다. 얼마 후 새 집정관들인 바로와 파울루스는 보병 2만 명과 기병 1,500명을 이끌

하늘에서 바라본 칸나이의 성채. 낮은 언덕들의 한복판에 있는 작은 언덕 위에 위치하고 있다. 아우피디우스(Aufidius)강 평원의 남쪽 구석이다.

고 로마를 떠나 전 집정관들의 군대와 합류했다. 리비우스에 따르면, 그들이 로마를 떠날 때 파비우스가 "곧 다가올 재앙을 조심하라"는 불길한 경고를 했다고 한다. 리비우스는 마치 파비우스가 바로에게 개인적인 인신공격을 하는 것처럼 표현하고 있는데, 바로에 대한 리비우스의 편파적인 태도를 고려해보면 그리 놀라운 일도 아니다. "만일 바로가 그 자신이 호언장담하듯이 곧바로 전투에 뛰어든다면, 만일 그렇게 한다면 (특히 이 부분을 주목해보자) 그 어느 곳에선가 트라시메네에서보다 훨씬 더 끔찍한 상황이 벌어질 것이다. 만일 내 말이 틀린다면 나는 군인도 아니며 이 전쟁에 대해서도, 한니발에 대해서도 전혀 모르는 사람이리라."

파비우스가 실제로 이와 같은 요지의 말을 했을 수는 있으나, 아무리 그렇다 해도 바로에 대한 개인적인 공격이라기보다는 바로와 그의 지지자들이 주장하는 성급한 전략에 대한 비난이었을 가능성이 크다. 물론 격렬한 어투만큼은 파비우스의 성격과 잘 맞아떨어진다. 실제로 원로원의 동료 의원들이, 자신이 완전히 미친 짓이라고 확신하고 있는 결정을 내리는 것을 지켜보며 그가 단지 수동적이고 조용한 관찰자의 입장을 고수했을 가능성은 희박하다. 사실이야 어찌되었든 파비우스의 경고는, 나중에 칸

오늘날과 마찬가지로 그 당시에도 칸나이는 폐허였다. 로마 시대 후기로 접어들고서야 재건되었고 중세 시대 초기까지 사람이 살았다. BC 216년에는 군량미와 다른 식량들을 저장하는 로마군의 식량창고로 사용되었다. 한니발이 이 장소를 선택한 것은 전략적으로 중요한 곡식이 자라는 아풀리아 지역에 위치해 있기 때문이었다. 그는 이 지역을 점령하고 주변 지역을 지배함으로써 로마군들로 하여금 전투에 뛰어들지 않고는 못 배기게 만들었다.

나이의 패배와 관련하여 리비우스가 바로를 지목하여 비난하는 것이 그럴듯하게 보이도록 하는 데 분명히 활용되었다. 하지만 리비우스가 암시하고자 하는 것과는 반대로, 칸나이에서 한니발과 맞서자는 결정을 내린 주체가 바로가 아니고 원로원이었다는 점은 명백하다.

칸나이로 가는 길

6월 말에 찍은 사진으로, 이 지역의 전략적 중요성을 분명하게 보여주고 있다. 아우피디우스(현대의 오판토Ofanto 강) 평원의 이 밭은 밀의 추수가 끝난 모습이다. 한니발의 군대는 칸나이 성채에 비축된 식량들과 함께 이 비옥한 평원에서 나는 수확물들도 확보했다. 뒤쪽에 보이는 평원보다 높은 지대는 오늘날의 산 페르디난도 디 푸글리아가 위치한 장소인데 한니발의 막사가 있었던 곳으로 유력시된다. 이 사진은 남동쪽의 단계적인 비탈이 어떻게 한니발의 군대가 평원으로 쉽게 접근할 수 있도록 해주었는지를 매우 잘 보여주고 있다.

두 명의 집정관은 칸나이를 떠나 약 2일간 행군하여 마침내 게미누스와 레굴루스의 군대와 합류하게 되었다. 다음날, 이 대규모 군대는 막사를 철거하고 행군로를 따라 남쪽으로 이동하여 포기아(Foggia) 평원에 이르렀다. 다음에 나오는 폴리비우스의 말은 한니발 진영의 위치와 관련된 복잡한 의문을 해결하는 데 간접적으로 도움이 될 수 있다.

"둘째 날(7월 29일) 그들은 카르타고군이 보이는 곳에 도착했고 그들로부터 5마일 떨어진 곳에 막사를 쳤다."

포기아 평원의 로마군 진영은 아마도 오늘날의 트리니타폴리(Trinitapoli) 마을 근처였던 것으로 추정된다. 그렇다면 그곳에서 5마일 떨어진 한니발의 막사가 보였다는 이야기는 로마군의 막사를 둘러싼 평지보다 더 높은 곳에 카르타고군이 위치하고 있었음을 의미한다. 왜냐하면 그 계절에는 아지랑이와 '볼투르누스(Volturnus)'라 불리는 남동풍이 실어나르는 황사 때문에 먼 거리까지 시야를 확보하기 어려웠을 것이기 때문이다. 맑은 날

발레아리스 투석병들의 모습. 단순한 모양의 튜닉을 입고 있으며 최소한의 장비만 갖추고 있다. 그들은 일반적으로 세 개의 슬링(sling, 팔매줄)을 가지고 있었으며 각각의 사정거리가 달랐다. 칼은 발레아리스인들에게서 발견되는 특징으로 얼핏 팔카타의 형태와 비슷하다. (앵거스 맥브라이드 그림)

이라면 5마일 정도 떨어진 곳에서 칸나이가 위치한 언덕을 보는 것도 가능했겠지만, 일반적으로 사람의 눈이란 더 높고 더 가까운 돌출부에 자연스럽게 끌리는 법이므로 신흥 도시인 산 페르디난도 디 푸글리아(San Ferdinando di Puglia)가 로마군의 눈에 먼저 들어왔을 것이다. 이러한 이유 및 그밖의 다른 많은 이유들로 인해 바로 이 장소가 한니발의 진영으로 가장 유력하게 손꼽히고 있는 것이다.

파울루스가 "카르타고 군이 보이는 곳"에 막사를 세웠다는 폴리비우스의 기록을 통해 우리는, 로마군이 전투를 위해 찾고 있던 지형이 어떤 종류의 것이었는지를 알 수 있다. "파울루스는 주변 지역이 평평하고 나무가 없기 때문에 그곳에서 적군을 공격해서는 안 된다고 말했다. 카르타고군의 기병대가 더 뛰어났기 때문이다. 그 대신 보병으로 전투를 결정지을 수 있는 지대로 카르타고군을 유인해야 한다는 것이 그의 주장이었다."

바로 여기에 로마측 전투 계획의 핵심이 있다. 그들은 아마도 전장에 도착하기 전에 이미 이러한 구상을 해두었을 것이다. 실제로 이러한 구상 때문에 로마는 전례 없는 8개 군단을 전장에 배치하게 된 것이었다. 계획의 성공적인 실행을 위해서는, 수적인 면에서 압도적으로 우세한 로마의 중장보병이 카르타고 보병을 쳐부수는 동안 카르타고 기병대를 무력화시킬 수 있는 적합한 지대를 찾는 것이 무엇보다 필수적이었다.

하지만 그들의 전투 계획은 혁신적이라고는 볼 수 없었으며 전통적인 로마의 전투 방식과도 별반 다르지 않았다. 다만 병력의 규모에서만큼은 차이가 있었다. 로마의 입장에서는 단 한 차례의 전투를 위해 이토록 많은 병력을 배치한 것이 처음 있는 일이었다. 어쨌든 전술 자체가 단순한 발상에서 비롯된 것이었으므로 폴리비우스와 리비우스의 말대로 "군사 경험이 많지 않은" 바로와 같은 지휘관도 충분히 이해할 수 있었을 것이다. 그러나 만일 그 '군사 경험'에 3년 전 일리리아(Illyria)에서 파울루스와 함께 했던 군복무까지 포함된다면, 바로는 그와 같은 계획을 이해할 만한 충분한 지력을 이미 보유하고 있었을 것이 분명하다. 그렇다면 과연 바로와 파울루스가 사전에 그와 같은 전투 계획을 함께 논의한 적이 없었을까? 폴리비우스와 리비우스는 모두, 그들이 서로 논의를 했을 것이라 암시하고 있다. 그들은 다름아닌 이 문제들과 관련하여 두 집정관들 사이가 틀어졌다고 지적하며 바로를 다시 한 번 범죄인으로 몰고간다. 두 역사가들은 경험이 없고 고집이 센 바로와 신중하고 과묵한 파울루스 간의 이러한 말다툼을 주목해야 할 전투의 배경으로 언급하고 있다. 물론 여기에는 훗날 파울루스를 참패의 책임으로부터 구원해주려는 역사가들의 의도가 숨어 있다. 군대의 지휘권은 두 집정관이 하루씩 번갈아 행사했는데(이는 두 명의 집정관이 공동으로 작전하는 경우의 규정이었다), 두 역사가들이 묘사하고 있는 그들의 관계 악화가 사실인지의 여부는 반드시 확인이 필요하다. 왜냐하면 두 역사가들이 기록을 전개하는 방식에는 많은 오류들이 존재할뿐더러, 그들의 기록대로라면 이후의 모든 재앙들은 항상 바로가 홀로 지휘를 맡고 있을 때만 일어나고 있기 때문이다.

우리는 앞서 '군사 아마추어'로서의 바로에 대해 의문을 제기한 바 있다. 그런데 이 두 역사가들이 바로에 대한 비방에 이토록 열을 올리는 데에는 어쩌면 우리가 생각하는 것보다 더 본질적인 의도가 숨겨져 있을지도 모른다. 예컨대 그러한 비난이야말로 칸나이의 진짜 진실로부터 독자들의 관심을 돌리게 만들기 위한 유일한 방법은 아니었을까? 혹시 바로가 아닌 파울루스가 전투 당일 로마군의 지휘를 맡은 것은 아니었을까? 만일 그렇다면 칸나이 전투의 재앙은 곧 파울루스의 책임이며, 이는 결과적으로 파울루스 가문의 명예에 먹칠을 하는 셈이 될 것이다. 또한 이것은 결코 폴리비우스가 바라는 결과가 아니었을 것이다.

몇 가지 단서들이 이러한 가정을 확인시켜주고 있다. 리비우스는 파울루스가 마지못해 집정관 후보로 나섰다고 묘사했지만, 놀랍게도 폴리비우스는 바로가 아닌 파울루스가 로마에서 군사들을 모집하여 출정을 위한 군단을 정비했다고 주장하고 있다. 나중에 폴리비우스는 "파울루스에게 모든 이들의 이목이 쏠려 있었으며 그의 능력과 경험이 가장 큰 희망이 되었다"고 기록하고 있다. 뿐만 아니라 이는 전투 당일에 관한 기록인 듯하다. 폴리비우스와 리비우스는 칸나이 전투 당일에 바로가 지휘를 맡고 있었다고 하면서도, 또한 두 역사가 모두 "기병대는 파울루스가 지휘했다"고 기록하고 있다. 그러나 전투에 임하면서 기병을 통솔하는 것은 무척 영예로운 임무였으므로 항상 전투 당일 지휘관의 몫으로 지정되는 게 로마군의 관례였다. 바로 여기서 문제가 발생한다. 폴리비우스의 기록대로라면 순서에 따라 바로가 지휘관을 맡고 있었을 텐데 어떻게 파울루스가 전투 당일 기병대의 지휘를 맡게 되었을까 하는 점이다. 폴리비우스는 로마군이 평원에 진지를 구축한 다음날, 즉 7월 30일에 "바로가 마침 그 때 지휘권을 맡게 되었다"고 기록함으로써 이 의문점을 해결하려 하고 있다.

폴리비우스의 기록에 따르면, 바로가 "막사를 철거하고 진격할 것을 명령"했으며 "파울루스 측의 강한 저항과 반대에도 불구하고" 이를 강행했다고 한다. 흥미로운 점은 폴리비우스가 독자들에게 암시하고자 했던 것, 즉 바로가 한니발과의 전투를 개시하기 위해 로마군 전체를 이끌었다는 정황을 노골적으로 언급하고 있지는 않다는 것이다. 당시 지형이 로마군의 전술 목적에 부합하지 않는다는 파울루스의 초기 주장에 비추어 보자면, 폴리비우스가 전하고 있는 파울루스의 반응은 사실일 수도 있다. 그러나 이러한 해석이 믿을 만한 것인지에 대한 여부는 우리가 앞서 살펴보고 이내 잊어버린, 바로가 군사적인 아마추어였다는 기록을 어떻게 받아들이느냐에 전적으로 달려 있다. 따라서 우리는 바로가 전투를 개시하기 위해 군대를 이끌고 나갔다는 생각을 버려야만 한다. 그러나, 그렇다면, 그는 도대체 전투 당일에 무엇을 하고 있었던 것일까?

또다른 해석은, 바로가 군대 전체를 한니발의 진영 가까이로 이끌고 간 것이 두 개의 진지를 구축하기 위한 조치였다는 것이다. 하지만 폴리비우스는 이것이 다음날 파울루스가 한 행동이라고 기록하고 있다. 앞으로 나아가면서 카르타고의 공격에 로마군이 보여주었던 행동에 비추어보면 이쪽이 보다 그럴듯한 설명처럼 들린다. 폴리비우스에 따르면, 한니발은 다가오는 로마군을 공격하기 위해 "경보병대와 기병대"를 보냈다. 바로는 이에 대응하여 중장보병을 최전선에 세우고 이들을 벨리테스와 기병대가 지원하도록 했다. 이는 표준적인 로마군의 병법에 부합하는 것으로서, 2개 군단이 전선에 배치되어 견제부대 역할을 했고 그 뒤에서 나머지 병사들이 참호로 진지를 에워쌌다. 또한 폴리비우스는 이 싸움이 어둠이 깔릴 무렵이 되어서야 끝났다고 말하고 있다. 바로의 병사들이 참호로 에워싼 진지의 규모가 상당히 컸으므로 이러한 기록에는 신빙성이 있다. 군대의 3분의 2를 수용할 수 있는 규모였다고 하니 이를 짓는 데만도 아마 하루종일이 걸렸을 것이다.

로마군이 한니발의 진영에 그토록 가깝게 두 개의 진지(큰 진지는 강의 북쪽 제방에, 작은 진지는 강에서 조금 떨어진 곳에)를 세운 것은, 한니발의 부대가 식량을 찾아 평원으로 접근하는 것을 막기 위함이었다. 식량 공급 상황이 악화되면 한니발은 서둘러 전투를 개시하는 것 외에 다른 방도가 없을 터였다. 그러는 와중에 로마군의 식량 공급도 차츰 줄어들기 시작했다. 바로와 파울루스에게는 전투의 개시와 수행이 모두 자신들의 조건에 따라 이루어지는 것이 무엇보다 중요했다. 이 점에 있어서 바로와 파울루스의 의견이 전적으로 일치했다는 사실은 상당히 의미심장하다. 적어도 그들이 항상 적대적인 관계에 있었던 것은 아니라는 의미인 것이다. 이때 폴리비우스가 기록상 전투의 일정표를 하루 앞당길 수밖에 없었던 것은 집정관의 지휘 순서 때문이었을 것이다. 만일 진지를 세우고 3일째 되는 날에 전투가 발생했다면 바로가 아닌 파울루스가 지휘를 맡았을 것이다.

## 강은 어디로 흘러가는가

전투 장소를 결정하는 데 있어서 또다른 문제들이 발생했다. 폴리비우스가 제시하는 지형학적 정보는 전적으로 BC 216년 아우피디우스강의 실제 경로에 기초한 것이었다. 그는 전투가 강의 남쪽 기슭에서 발생했다고 주장한다. 실제로 로마군과 카르타고군의 상당수가 전투를 위해 강을 건너야만 했다고 한다. 그러나 BC 216년 강의 경로가 범람원의 남쪽 끝을 따라 위치한 낮은 언덕들의 흐름과 거의 겹치는 오늘날의 오판토(Ofanto)강의 경로를 따랐다고 가정한다면, 각각 전선의 길이를 고려했을 때 강의

'남쪽'에서 전투가 있었다고 보기는 어렵다. 문제의 해결책은 오판토강의 경로가 수 년 동안 여러 차례 바뀌었다는 점에 있다. 오판토 평원의 지형에 대한 연구를 통해, 그곳에 여러 개의 오래된 강들이 있었으며 예전에는 강이 평원의 북쪽을 가로질러 오늘날의 산 페르디난도 디 푸글리아가 위치한 낮은 산등성이에 훨씬 더 가깝게 흘렀다는 사실을 확인할 수 있었다. 따라서 전장과 관련된 폴리비우스의 기록은 옳았던 셈이다. 산 페르디난도가 건설된 지형의 꼭대기는 방어에 유리하고 평평하여 막사를 치기에도 안성맞춤이었기 때문에 한니발에게도 당연히 최적의 장소가 되었을 것이다. 무엇보다 중요한 것은 북동쪽의 완만한 경사가 강, 평원, 그리고 칸나

사진 세 장으로 만든 몽타주로 독자들에게 칸나이 성채 도시에서 바라본 아우피디우스 평원의 모습이 어떠한지를 보여주고자 했다. 앞에서 살펴본 내용에 비추어볼 때, 책에서 언급하고 있는 전장 또는 전장 부근의 주요 지점들은 대략적으로 다음과 같은 곳에 위치하고 있었다. A는 현대 도시인 페르디난도 디 푸글리아인데, 당시 한니발의 진지가 있었던 장소로 유력하다. 평지보다 높은 곳에 위치하여 카르타고군이 진지를 수비하는 데 적합했으며 군수 조달을 위해 평지에서 이동하는 로마 병사들에게 접근하기도 쉬웠다. BC 216년의 아우피디우스강은 오늘날보다 훨씬 더 평원의 북쪽 가장자리에 가깝게 흘렀다(D 참조, 서쪽에서 동쪽으로 흐르는 오늘날 강의 경로를 나타낸다). 따라서 한니발의 병사들은 손쉽게 양질의 물을 얻을 수 있었다. 두 개의 로마 진지 중 더 큰 쪽은 B부근, 아니면 그보다 조금 더 가까이에 위치했던 것으로 추정된다. 아마도 강의 북쪽 기슭이었을 것이다. 게미누스의 진지 두 군데 중에서 더 작은 쪽은 강의 남쪽 기슭인 C지점에 위치했던 것으로 보인다. 이로써 로마군은 평원 전체에 골고루 포진한 채로 카르타고군들이 식량을 얻기 위해 진지에서 내려오는 것을 막을 수 있었을 것이다. E는 칸나이 전투 당일 로마군의 전선의 예상 위치를 나타낸 것이다(144, 145쪽 조감도 참조). 이로써 동맹군 기병대는 좌측면을 칸나이 성채가 세워진 낮은 언덕에 고정시킬 수 있었고, 로마 기병대의 우측면은 아마도 아우피디우스강에 근접했을 것이다. 요컨대 로마군은 바다를 등지고, 서쪽에서 먼지를 실어나르는 바람을 마주한 채로 전투에 임했을 것이다.

이로의 접근을 용이하게 만들어준다는 점이었다. 이는 한니발의 진영에서 편리하게 식량을 공급받을 수 있음을 의미했다. 이로써 우리는, 어째서 로마군이 큰 진지를 세워 카르타고의 식량 징발대가 평원으로 들어서는 것을 막으려 했는지 그 이유를 알 수 있다.

다음날인 7월 31일, 한니발은 군사들에게 전투에 대비할 것을 명령했다. 그리고 그 다음날인 8월 1일, 카르타고군 전체가 강의 '북쪽'에 배치되었다. 로마군은 아직 진지에 남아 있었다. 바로 이날 집정관들이 양쪽 진지에 있는 병사들에게 다음날의 전투에 대비할 것을 명령했던 것이 분명하다.

# 칸나이 전투

8월 2일의 날이 밝자, 로마군은 양쪽 진지에서 동시에 행동을 개시했고 그중 더 큰 쪽은 아우피디우스강을 건너 남쪽 제방에 이르렀다. 트리아리의 전체 숫자에 해당하는 1만 명의 병사들은 큰 진지를 지키기 위해 남았다. 대략 7만 명의 로마군 병력은 이제 집정관들이 신중하게 선택한 장소에서, 아우피디우스강과 칸나이가 위치한 남쪽 언덕 사이의 지형을 활용하는 데 가장 적합한 방식으로 정렬했다. 전선의 우측에는 총지휘관 중 하나인 파울루스가 이끄는 로마 기병 1,600여 명이 배치되었다. 그가 이 위치를 선택한 것은 한니발의 기병대가 평지를 이용하지 못하도록 하기 위함이었다. 좌측에는 바로가 이끄는 4,800명 이상의 동맹군 기병대가 배치되었다. 정렬한 대형의 왼쪽은 언덕의 기슭에 배치되었는데, 이들 또한 카르타고 기병대가 측면을 포위할 가능성을 차단한 상태였다. 이러한 군사 배치를 통해 파울루스는 로마군 대열의 양쪽 측면을 공격하는 카르타고 기병대의 전술을 사전에 차단하고자 했다. 요컨대 로마군 기병대와 동맹군

## BC 216년 8월, 칸나이 전투 당시 로마 군단의 배치

칸나이 전투가 시작되기 바로 직전에 로마군은 적어도 17개 군단 이상(로마군과 대등한 숫자의 동맹군을 포함)을 각지의 전장에 배치하고 있었다. 배치된 전체 로마군 병력은 대략 15만 명을 초과했다. 비슷한 수의 동맹 부대들까지 합치면 총 30만 명이 넘었다. 이는 칸나이의 재앙을 가늠하는 척도가 된다. 적어도 당시 로마가 운용하고 있던 전체 병력의 6분의 1, 즉 5만여 명의 병사들이 단 하루만에 로마의 군적에서 사라지고 만 것이다.

| 장소 | 군단 |
| --- | --- |
| 칸나이 | 1, 2, 12, 13, 14, 15, 16, 17군단 |
| 에스파냐 | 5, 6군단 |
| 시칠리아 | 7, 8군단 |
| 사르데냐 | 9군단 |
| 포 계곡 | 18, 19군단 |
| 로마 | 20, 21군단 |

1. 로마인들은 경장보병대의 접전 위치 뒤쪽에 군대를 배치했다. 카르타고군의 대열 뒤에 있던 한니발은 수적으로 우세한 로마 보병대의 전진을 저지하고 흐름을 차단할 목적으로 자신의 보병대 대열을 앞쪽으로 밀어내는 흔치 않은 전술을 사용했다.

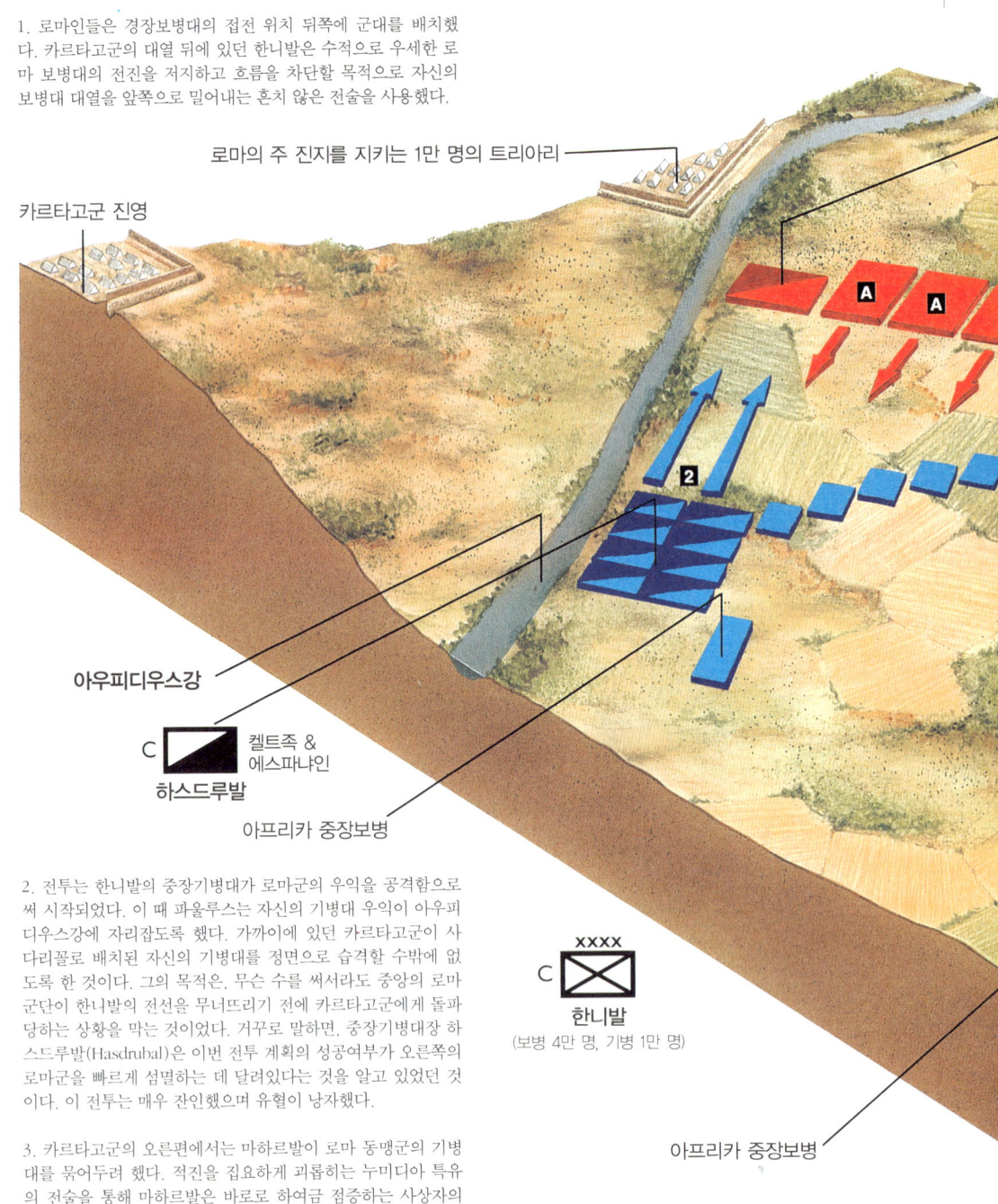

로마의 주 진지를 지키는 1만 명의 트리아리

카르타고군 진영

아우피디우스강

C 켈트족 & 에스파냐인
하스드루발

아프리카 중장보병

C ×××× 한니발
(보병 4만 명, 기병 1만 명)

아프리카 중장보병

2. 전투는 한니발의 중장기병대가 로마군의 우익을 공격함으로써 시작되었다. 이 때 파울루스는 자신의 기병대 우익이 아우피디우스강에 자리잡도록 했다. 가까이에 있던 카르타고군이 사다리꼴로 배치된 자신의 기병대를 정면으로 습격할 수밖에 없도록 한 것이다. 그의 목적은, 무슨 수를 써서라도 중앙의 로마 군단이 한니발의 전선을 무너뜨리기 전에 카르타고군에게 돌파당하는 상황을 막는 것이었다. 거꾸로 말하면, 중장기병대장 하스드루발(Hasdrubal)은 이번 전투 계획의 성공여부가 오른쪽의 로마군을 빠르게 섬멸하는 데 달려있다는 것을 알고 있었던 것이다. 이 전투는 매우 잔인했으며 유혈이 낭자했다.

3. 카르타고군의 오른편에서는 마하르발이 로마 동맹군의 기병대를 묶어두려 했다. 적진을 집요하게 괴롭히는 누미디아 특유의 전술을 통해 마하르발은 바로로 하여금 점증하는 사상자의 부담을 고르란히 짊어진 채 이곳에 잔존할 수밖에 없도록 했다.

## 칸나이 전투

BC 216년 8월 2일 : 제1단계

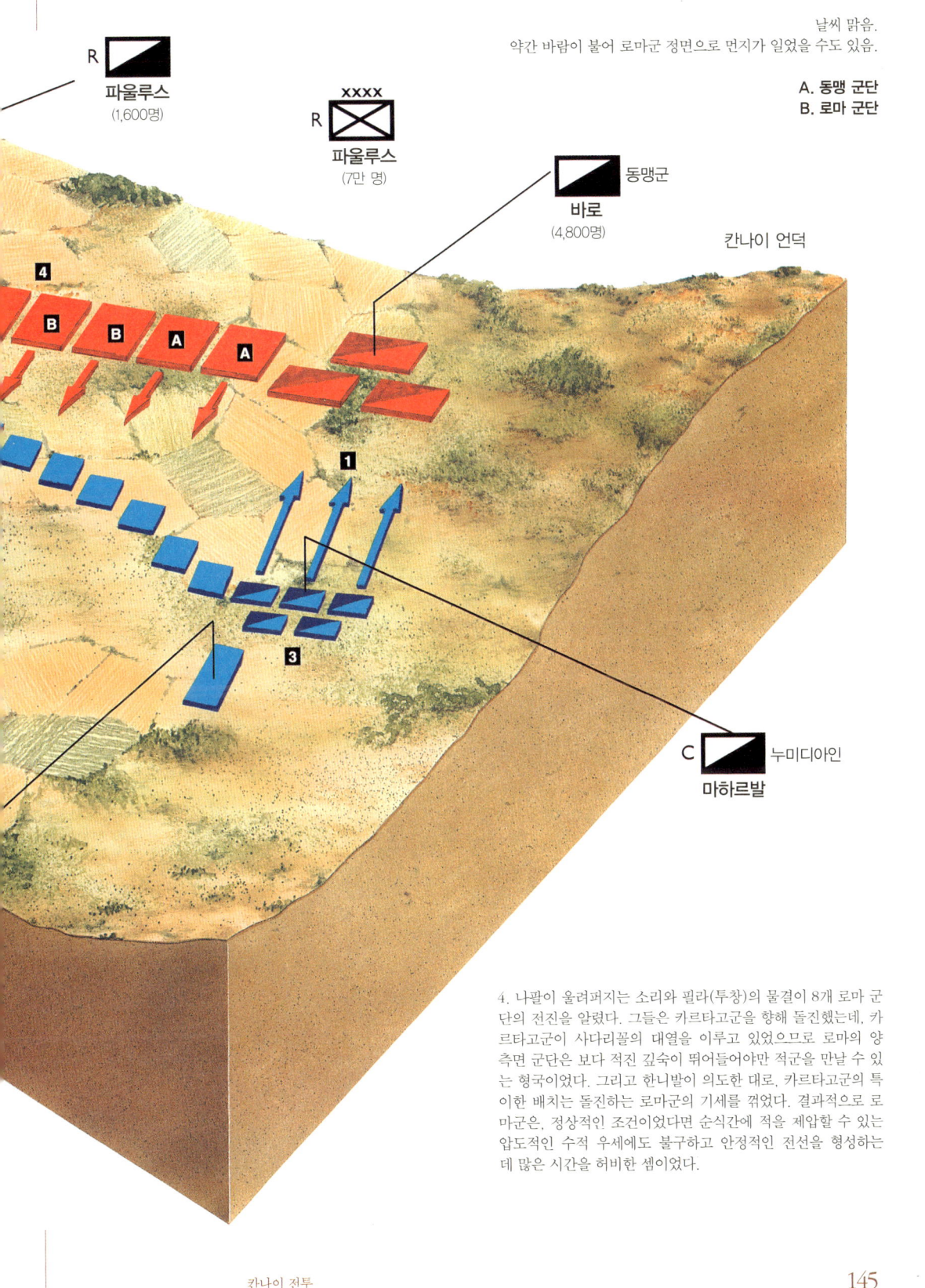

4. 나팔이 울려퍼지는 소리와 필라(투창)의 물결이 8개 로마 군단의 전진을 알렸다. 그들은 카르타고군을 향해 돌진했는데, 카르타고군이 사다리꼴의 대열을 이루고 있었으므로 로마의 양측면 군단은 보다 적진 깊숙이 뛰어들어야만 적군을 만날 수 있는 형국이었다. 그리고 한니발이 의도한 대로, 카르타고군의 특이한 배치는 돌진하는 로마군의 기세를 꺾었다. 결과적으로 로마군은, 정상적인 조건이었다면 순식간에 적을 제압할 수 있는 압도적인 수적 우세에도 불구하고 안정적인 전선을 형성하는 데 많은 시간을 허비한 셈이었다.

칸나이 전투

기병대는 카르타고 기병대를 견제하여 그들의 돌파를 저지하는 임무를 담당한 것이었다. 이 목표를 보다 성공적으로 달성하기 위해 로마 기병대는 적어도 10열종대의 두께로 정렬했을 것으로 보인다. 각 기병들 간의 대략적인 거리가 2미터로 유지되고 투르마에의 간격 또한 지켜졌다는 가정 하에, 우익의 기병대는 575미터에서 600미터 사이의 제한된 전면을 차지하고 좌익은 1,725미터 정도로 배치되었을 것으로 추정된다. 따라서 대열의 밀도는 두드러졌을 것이고 각 병사들도 대열 안에서 움직이기가 굉장히 어려웠을 것이다. 그러나 그렇게 함으로써 양익의 위협적인 카르타고 기병대를 붙잡아둘 수 있을 것이고, 로마의 보병대는 압도적인 수적 우위로 카르타고의 중앙을 돌파하여 전투를 승리로 이끄는 데 필요한 시간을 벌 수 있을 터였다.

    이것이 분명 로마군의 의도였다는 것은 무척이나 이례적인 보병 마니플레의 배치를 통해 확인할 수 있다. 폴리비우스에 따르면, 로마군 병사들은 일반적인 경우보다 훨씬 더 조밀하게 서 있었을 뿐만 아니라 각각의 마니플레 또한 그 앞뒤의 길이가 "너비보다 훨씬 더" 깊었다고 한다. 부대의 전투력이 충분히 발휘되려면(트리아리의 부재와는 상관없이) 각각 하스타티와 프린키페스로 이루어진 마니플레(중대)가 횡렬 5명, 종렬 30명으로 구성되어야만 했다. 하지만 이렇게 빽빽하게 정렬한 상태에서는 각 병사들 간의 거리는 고작해야 3피트에 불과했을 것이고, 각 마니플레의 정면도 15피트밖에 되지 않았을 것이다. 각 마니플레들은 일반적인 간격을 유지했음에도 불구하고 8개 군단 각각의 정면은 총 300피트에 불과했다. 여기에 마찬가지 규모의 동맹 부대를 더하면 기병대까지 포함하여 로마군 대형의 총 길이는 약 3,000미터였다는 가정을 할 수 있게 된다. 따라서 평원의 너비를 고려하면 로마군은 북쪽에서 남쪽에 걸쳐 전통적인 배치가 불가능했을 것이다. 전선의 길이를 감당하기 위해서는 평원을 가로질러 대각선으로 배치되어야만 했을 것이다. 로마군이 남쪽을 향해 배치되어 있

'산 페르디난도 디 푸글리아'로부터 평원으로 향하는 완만한 비탈을 따라 이어진 길. 한니발의 군대가 전열을 갖추기 위해 아우피디우스 평원으로 내려갈 때 취했던 행군로와 흡사하다. 그 당시에도 오늘날과 마찬가지로 평원 전체에서 포도와 올리브, 과실수, 곡식 등이 널리 경작되었다.

었다는 폴리비우스의 기록이 이러한 추측을 뒷받침하고 있다. 한편 파울루스는 전투의 승패를 좌우하게 될 정중앙에 가장 경험이 많은 부대를 배치했을 것이라 보는 편이 이치에 맞을 듯하다. 따라서 가장 노련한 스키피오 군단이 정중앙에 배치되었다는 사실도 그리 놀라운 것은 아니다. 사실 로마인들은 트레비아 전투에서도 이번과 똑같은 전술을 취한 바 있다. 경험이 부족한 병력은 측면에, 경험이 풍부한 병력은 중앙에 위치했을 것이다. 이 때 동맹군의 중장보병대는 로마군의 양쪽에서 양익을 담당했다. 중장보병대의 지휘는 게미누스와 미누키우스가 담당하고 있었다. 대략 5만 5,000명의 보병과 기병이 중요한 지점에 배치되었고, 전방에는 1만 5,000

1. 격렬한 전투 후에, 하스드루발의 중장기병대는 초목을 베어 길을 내며 파울루스의 기병대를 향해 나아갔다. 로마군의 일부 대형이 붕괴하고 생존자들이 도주하기 시작하면서 로마 기병대와 전진한 군단 사이에는 간격이 벌어졌고, 그 틈으로 하스드루발은 중장기병대를 몰고갔던 것이다.

로마의 주 진지를 지키는 1만 명의 트리아리

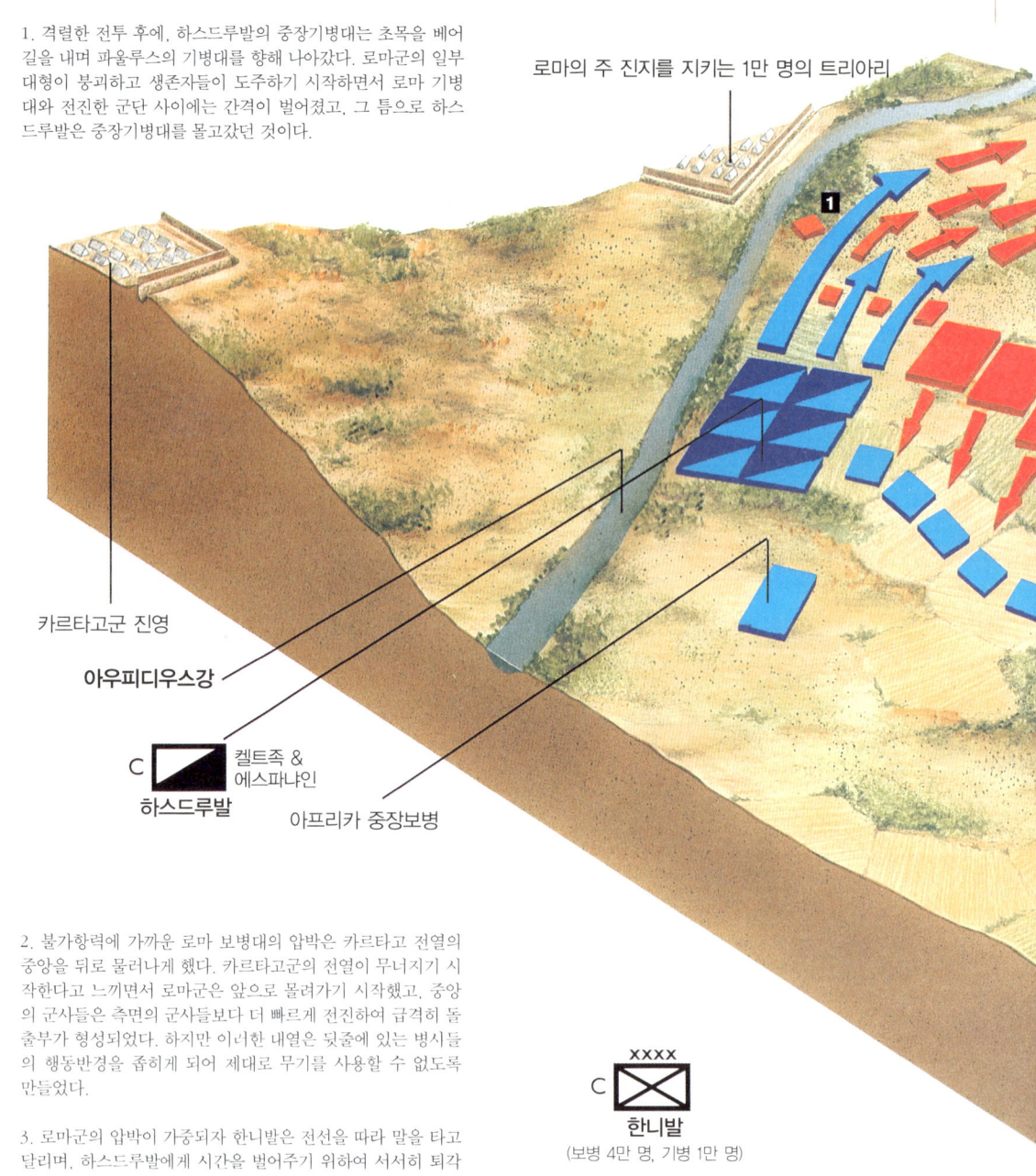

카르타고군 진영

**아우피디우스강**

C **하스드루발** 켈트족 & 에스파냐인

아프리카 중장보병

2. 불가항력에 가까운 로마 보병대의 압박은 카르타고 전열의 중앙을 뒤로 물러나게 했다. 카르타고군의 전열이 무너지기 시작한다고 느끼면서 로마군은 앞으로 몰려가기 시작했고, 중앙의 군사들은 측면의 군사들보다 더 빠르게 전진하여 급격히 돌출부가 형성되었다. 하지만 이러한 내열은 뒷줄에 있는 병사들의 행동반경을 좁히게 되어 제대로 무기를 사용할 수 없도록 만들었다.

3. 로마군의 압박이 가중되자 한니발은 전선을 따라 말을 타고 달리며, 하스드루발에게 시간을 벌어주기 위하여 서서히 퇴각하라고 지시했다. 그가 예상했던 대로, 전선에 형성된 돌출부는 로마군이 예기치 못한 방법으로 그들의 전투력을 억제했다.

C ××××  **한니발**
(보병 4만 명, 기병 1만 명)

## 칸나이 전투

BC 216년 8월 2일 : 제2단계

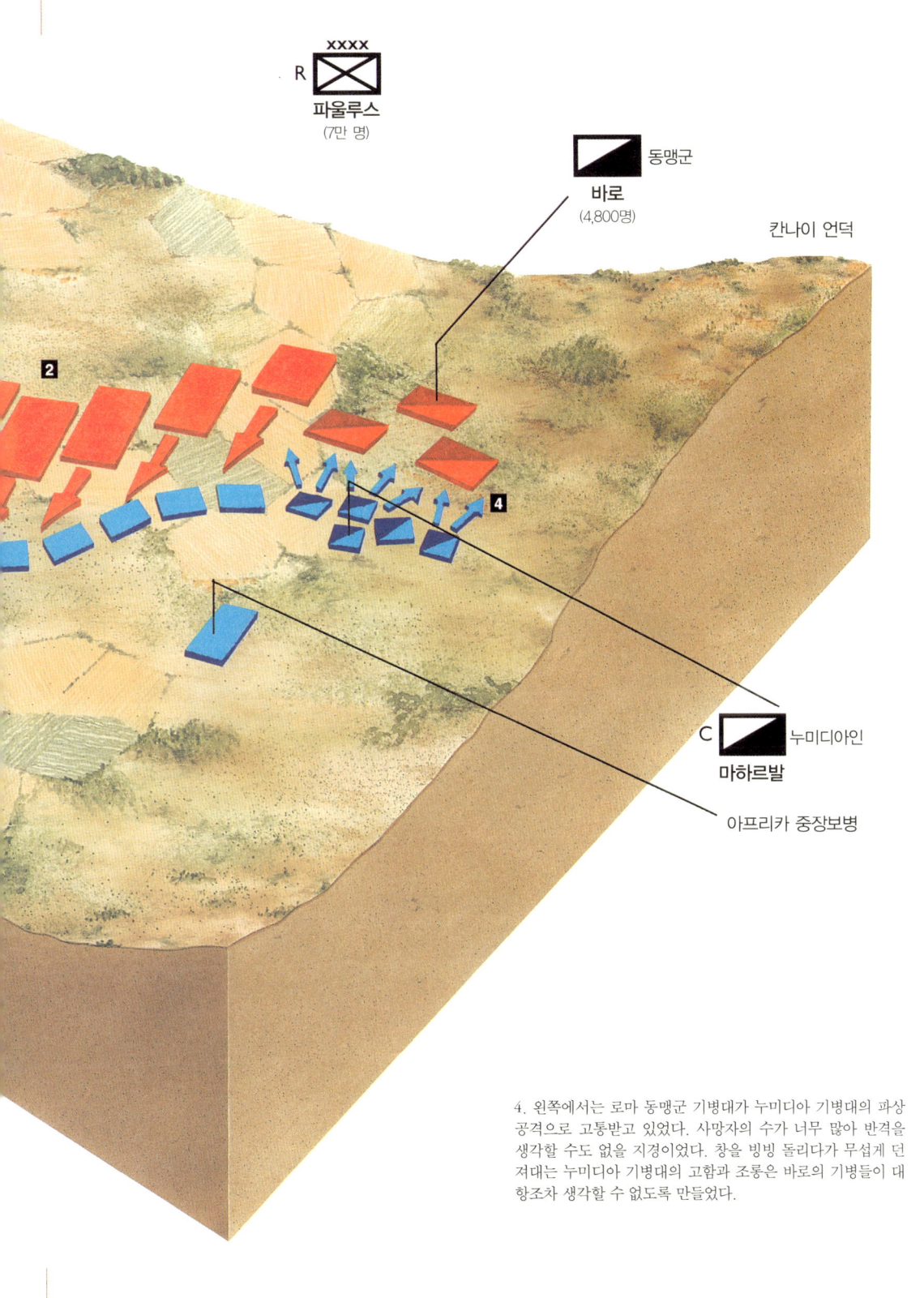

4. 왼쪽에서는 로마 동맹군 기병대가 누미디아 기병대의 파상 공격으로 고통받고 있었다. 사망자의 수가 너무 많아 반격을 생각할 수도 없을 지경이었다. 창을 빙빙 돌리다가 무섭게 던져대는 누미디아 기병대의 고함과 조롱은 바로의 기병들이 대항조차 생각할 수 없도록 만들었다.

칸나이 전투

명의 경보병이 정렬했다.

　진지로부터 전장을 향해 내려가면서 한니발은 군대를 아우피디우스강 너머로 보냈다. 주력부대를 발레아레스 투석병과 아프리카 중장보병의 보호막 뒤에 배치시킨 대형이었다. 폴리비우스에 따르면, 당시 한니발의 군대는 보병이 4만 명, 기병이 1만 명이었다. 전체 병력의 규모는 로마군에 비해 현저하게 적었지만 기병의 수는 오히려 더 많았다. 일련의 선행 전투에서 한니발의 부대가 얼마나 손실을 입었는가 하는 점에 대해서는 정확한 수치를 알 수 없지만, 몇 가지 가능성을 생각해볼 수는 있다.

　한니발이 최선을 다하여 1만 2,000명의 아프리카 부대와 8,000명의 에스파냐 부대를 끝까지 지켜내려 한 것은 명백한 사실이다. 이들은 알프스 산맥을 넘을 당시 그들 대신 희생되었던 켈트족 동맹군 덕분에 살아남은 병사들이었다. 그러나 이들은 그 후의 전투와 자연적인 손실로 인해 그 수가 트레비아 전투 이후로 계속 줄어들었다. 그리하여 칸나이 전투가 벌어졌을 시점에는 겨우 1만 명의 아프리카군과 6,000명의 에스파냐군만 남아 있었던 것으로 추정된다. 결국 한니발이 이번 전쟁에 배치한 보병의 상당 부분은 켈트족이었다. 전체 보병 중 3분의 1 정도는 경보병이었는데, 이들은 나머지 보병들에 비해 전투력이 떨어졌다. 방진(方陣)을 구성하고 있는 아프리카 중장보병대가 8,000명 정도였고, 그 밖에 약 5,500명의 에스파냐인들과 1만 4,000명 가량의 켈트족들이 나머지 보병대의 열을 채우고 있었다. 기병대는 약 4,000명의 누미디아인들과 약 2,000명의 에스파냐인들로 구성되었던 것으로 추정된다. 이들은 한니발의 최초 부대로부터 살아남은 자들이었다. 그 밖에도 4,000명의 켈트족 중장기병들이 전투를 위해 배치되었다.

　한니발의 장교들 중 상당수가 눈앞에서 전투태세를 갖추고 있는 로마군의 대규모 전열과 자신들의 수적 열세를 가늠해보고 심히 동요했던 것만은 분명한 듯하다. 기스고(Gisgo)가 자신들의 불안한 심경을 한니발에게 내색하자 한니발은 담담한 표정을 지으며 다음과 같이 말했다.

"기스고, 자네가 깨닫지 못한 게 한 가지 있네."

"그것이 무엇입니까?"

"적진의 저 엄청난 사람들 중에서 기스고라는 훌륭한 이름을 가진 자는 한 명도 없다네."

그들 사이에서 터져나온 웃음은 병사들의 귀에도 들어갔고, 그들의 마음을 진정시키고 앞으로 있을 전투에 대비하게 만드는 데 큰 도움이 되었다. 그러나 더 중요한 것은, 이러한 대화를 통해 우리는 인생에 있어 가장 중대한 전투를 앞두고 있는 한니발의 감정 상태가 어떠했는지를 엿볼 수 있다는 점이다. 그는 무엇보다 엄청난 자신감으로 가득차 있었다. 우리는 그가 로마군의 의도를 전투 전에 이미 예측하여, 그들의 군사력과 전술에 대한 지식을 바탕으로 그들의 규모도 미리 짐작하고 있었던 것이 아닐까 하는 추측만 해볼 수 있을 따름이다. 특히 전장에서 한니발의 마지막 포진은 상대편 전선에 대한 재빠른 판단에 근거한 '정교한 조정(fine-tuning)' 능력을 여실히 보여준다.

이러한 점은 한니발이 행했던 최초의 전선 배열을 통해서도 추론할 수 있다. 그는 에스파냐와 켈트의 중장기병대를 하스드루발(그의 동생이 아님)에게 맡겨 파울루스를 마주하는 좌익으로 배치했다. 무게 있는 중장기병대를 이곳에 배치하면서 한니발은 반드시 좌익에서 로마기병대를 격파하라고 하스드루발에게 명령했다. 이들의 측면이 강과 인접해 있었기 때문에 작전 행동의 여유가 매우 적었음에도 불구하고 말이다. 한편 마하르발이 이끄는 누미디아 경기병대는 로마의 동맹군 기병대 맞은편인 우익에 배치되었다. 한니발은 이들에게 고유한 전술로 이탈리아 기병대를 묶어둘 것을 명령했던 듯하다. 에스파냐와 켈트 보병대는 길게 배치되었는데, 그 중앙에는 더 희생되어도 좋을 켈트족들을 세웠다. 이렇게 전열을 가다듬은 다음, 한니발은 보병 대열 전체를 전진시켜 중앙은 밀도가 높고 양끝으로 갈수록 점차 얇아지는 볼록한 초승달 형태를 갖추도록 했다. 한니발이 이러한 대형을 준비했던 유일한 목적은, 자신이 아프리카 중장보병이라는 '비장의 수단'을 사용할 수 있을 때까지 로마 중장보병대의 기세를 꺾어 그들의 전진 속도를 늦추기 위한 것이었다. 그의 계획을 실현하려면 무엇보다 타이밍이 중요했기 때문에 한니발은 그의 동생 마고와 함께 전선의 중앙을 지휘했다. 한니발은 앞쪽 전선에서 경보병대를 따라 보호벽을 형성하고 있던 아프리카 부대를 불러들여 기병대 뒤에 종대로 배치시켰다. 종대로 늘어선 각각의 종렬 분대장들은 열의 중간에 위치해 있다가 적절한 시기가 오면 안쪽으로 돌아서 방진을 형성할 수 있도록 했다.

파울루스와 바로가 이 전투의 결과에 대해 절대적인 자신감을 가지고 있었던 것은 아니라는 주장은 전혀 근거가 없다. 이번 전쟁에서 로마군은 처음으로 주도권을 잡았다. 전장을 결정한 것도 그들이었을 뿐 아니라 승리를 보장할 만큼 압도적인 수적 우위를 자랑하고 있었다. 다만 볼투르누스(Volturnus)가 실어나르는 아풀리아의 미세한 흙먼지는 방해요소임에 분명했다. 로마의 병사들은 시야를 확보하기 위해 눈을 가늘게 뜨거나 쉴새없이 깜박거리고 있었을 것이다.

## 전투가 시작되다

에스파냐인, 켈트족, 라틴족의 우렁찬 함성이 전투의 시작을 알렸다. 빠른 속도로 창과 투창, 돌들이 날아다닌 후에 양쪽 진영의 경보병들이 서전을 열었다. 한니발은 발레아레스 투석병들 대부분을 곧장 로마 기병대의 맞은편에 배치시켰는데, 이는 기병과 말들을 혼란시키기 위한 고의적인 조치였다. 이 견제 부대가 재빨리 후퇴하자 한니발은 지체없이 하스드루발과 그의 켈트족 및 에스파냐 중장기병대에게 전속력으로 로마 기병대의 밀집대형 속으로 돌격하라고 명령했다.

이제 전투의 격렬함이 양측 날개로 자리를 옮겼다는 것은, 결국 이곳

'산 페르디난도 디 푸글리아'로 이어진 길에서 바라본 또 다른 풍경. 평원에 들어서기 바로 직전의 모습이다. 산 페르디난도는 한니발의 진영이 있었던 곳으로 추정되며, 가까이에 아우피디우스강이 보인다. 로마군의 큰 진영은 사진의 왼쪽 끝 바깥에 있었다. 카르타고군은 평원에 전열을 배치하면서 로마군 양편 진영을 관측할 수 있었다.

이 양측 모두에게 승부처가 될 만큼 중요한 지점이었음을 의미한다. 폴리비우스는 이곳에서의 전투가 실로 야만적이었다고 표현하고 있다. 총사령관의 지휘 아래 강철처럼 단단해진 로마군은 적군의 기병대를 저지하여 대형을 돌파하지 못하도록 하는 것이 얼마나 중요한 임무인지를 잘 알고 있었다. 그러나 적진 돌파를 담당한 켈트족과 에스파냐인들 또한 무슨 일이 있더라도 반드시 임무를 수행해야 한다는 사실을 잘 알고 있었다. 로마 기병대의 측면을 포위할 기회를 얻지 못한 하스드루발의 군사들로서는 로마 기병대의 밀집대형에 곤두박질치듯 직접 부딪쳐 들어가는 것 외에는 다른 방법이 없었다. 강공의 여파로 최전선 전체가 순간적으로 흔들렸다.

그러나 전선의 한쪽 측면은 아우피디우스강과 근접해 있었기 때문에 전투에 필요한 공간도 압축되었고, 다른 쪽에서는 로마군 동맹 부대의 밀집대형이 카르타고군 전체가 전진하는 것을 일시적으로 막아주어 충격은 곧 흡수되었다. 흥분한 말들이 날뛰는 가운데 살육전이 시작되었다. 병사들은 서로 맞붙어 격투를 벌이며 검으로 마구 찌르고 베었고, 서로 상대방을 말에서 끌어내리기 위해 갑옷을 찢고 낚아챘다. 이제 그들은 기병대가 아니라 보병대처럼 맞붙어 싸웠으며 피아 간에 자비란 추호도 없었다. 서서히, 그리고 분명하게, 로마 기병대는 수적으로 우세한 카르타고군에 밀리기 시작했다.

아이밀리우스 파울루스는 전투가 시작될 무렵 발레아레스 투석병들이 던진 돌에 맞아 심각한 부상을 입었다. 아마도 부상 직후 말에서 떨어졌거나 일부러 내려온 듯하다. 그 이유가 무엇이든 간에 그의 병사들은 파울루스의 그러한 행동을 보고 그와 똑같이 행동하라는 전술 신호로 받아들였던 모양이다. 로마군의 행동을 전해 들은 한니발은 "저들은 스스로 사슬을 묶어 자신들을 넘겨주고 있는지도 모른다"고 생각했다. 이는 매우 적절한 감정표현이었던 듯하다. 왜냐하면 그런 행동으로 인해 로마군은 스스로 빠른 몰락을 초래했기 때문이다. 점점 더 많아지는 적군의 기병대를 감당하지 못한 채 말에서 내려온 로마 기병들은 말에 밀려 쓰러지거나 필사적으로 다시 말에 올라타 이제 거의 날뛰는 지경에 이른 카르타고군을 피해 달아나려 했다. 카르타고 기병대의 일부가 패주하는 로마군의 뒤를 쫓았다. 로마 병사들은 사력을 다해 제방이나 강물 속으로 달아났으며, 켈트족과 에스파냐 기병대가 찔러대는 장창을 피해 안전한 장소를 찾으려고 필사적이었다. 그러나 모두 부질없는 노력이었다. 결국 그들은 몰살당하고 말았다.

로마 기병대의 대열이 흔들리며 좌측 보병대로부터 분리되기 시작했을 때 하스드루발은 그 틈새를 놓치지 않았다. 큰 고함 소리와 함께 그는 후방의 기병대를 이끌고 그 틈을 파고들어 완전히 뒤로 한 바퀴 돌아 로마 보병대의 후방으로 우회했으며, 또한 로마 전열의 좌익에 있던 동맹군 기병대의 후방을 급습했다.

한니발은 하스드루발의 기병대가 충분히 잘 해내고 있다는 것을 확신하기 전까지 나머지 경보병대가 계속 전투에 임하도록 했다. 그리고 이를 확인하고 나서야 한니발은 그들을 불러들였다. 그들은 보병대의 전열을 지나 아프리카 중장보병대의 후방에 자리 잡고 다음 군사 행동에 대비했다.

수적으로 열세인 상대를 얕잡아보고 전투에 임했던 로마군의 경보병대가 본진의 마니플레 사이를 지나 앞으로 전진하자, 비통한 통곡소리와 같은 괴성이 전장에 울려퍼졌다. 나팔수(cornicem, 코르니케른)들이 나팔을 불어 신호를 보내자, 대규모 로마 보병대가 전진하기 시작했다. 손에 방패를 든 하스타티는 질서정연하게 앞으로 나아갔다. 이동하면서 그들은 다른 군단들도 그러하듯이 오른손의 필라(창)로 스쿠툼(방패)의 뒷부분을 두드려 규칙적인 소리를 냈다. 진격하는 로마인들의 눈에 적군의 최전선은 여러 빛깔의 파도가 물결치는 바다처럼 보였다. 가장자리만 보라색인 하얀색 튜닉을 입고 있어 매우 눈에 띄는 에스파냐 병사들 사이사이에는 반나체에 거친 눈매의 켈트족 무리들이 섞여 있었다. 그들은 여러 색깔의 바지를 입고 있었으며, 전투에 임하면서 전통적인 방식대로 머리카락을 석회로 굳힌 탓에 실제보다 훨씬 커 보였다. 로마의 병사들이 적군을 향해 다가갈수록 적진으로부터 조소와 모욕이 쏟아졌다. 그 정확한 의미는 물론, 켈트족의 거친 도약과 검을 흔들어대는 따위의 요란스러운 몸짓들이 의미하는 바는 굳이 해석이 필요하지 않았다.

다시 나팔소리와 함께 하스타티가 필라를 던지기 시작하자 로마 보병대는 크게 환호했다. 수많은 투창들이 카르타고군의 머리 위로 쏟아져 내렸고, 수많은 카르타고 병사들이 가늘고 긴 투창에 찔려 쓰러졌다. 그들 중 몇몇은 산산이 부서지거나 쪼개진 방패에 박힌 휘어진 필라를 험악하

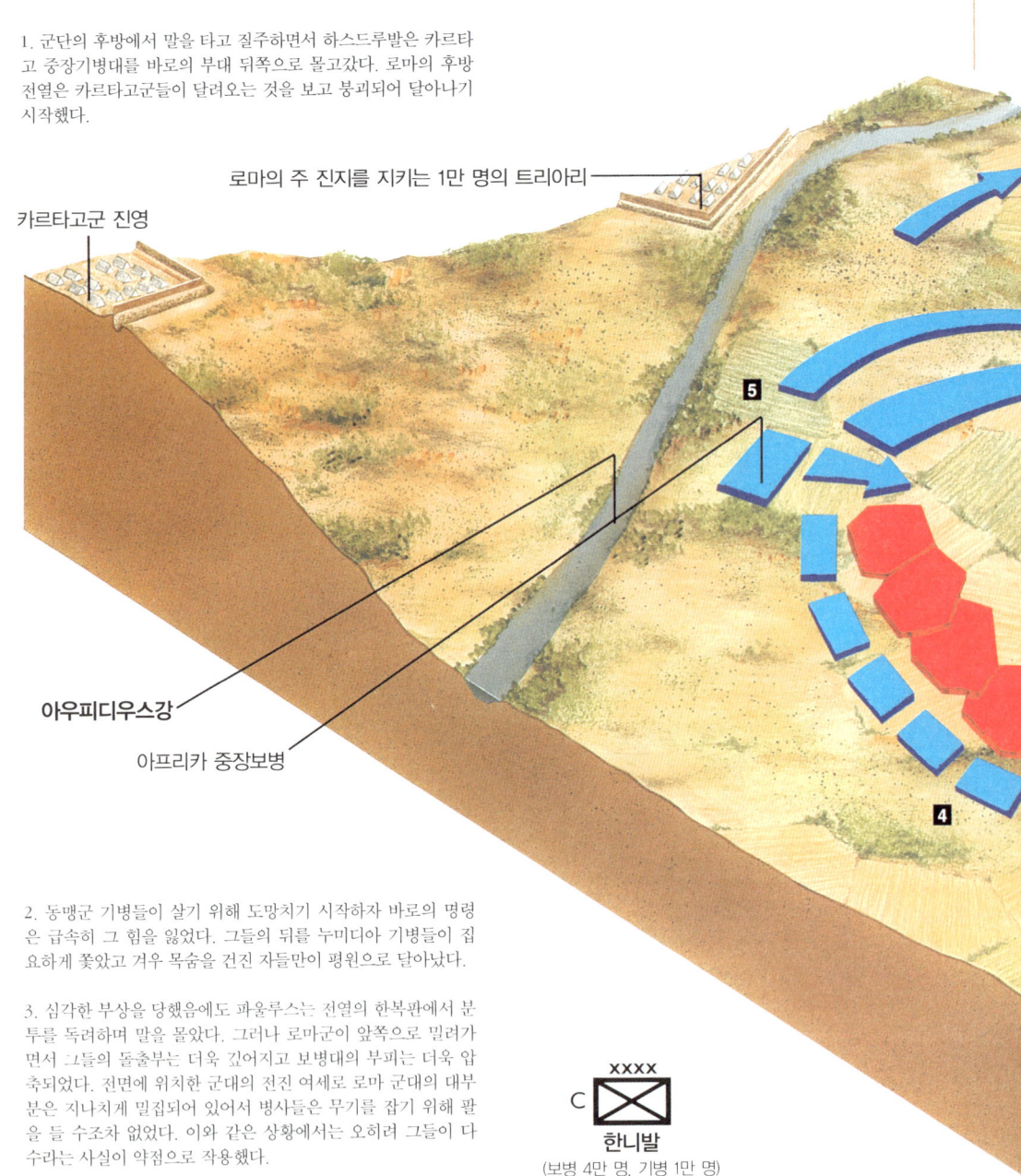

1. 군단의 후방에서 말을 타고 질주하면서 하스드루발은 카르타고 중장기병대를 바로의 부대 뒤쪽으로 몰고갔다. 로마의 후방 전열은 카르타고군들이 달려오는 것을 보고 붕괴되어 달아나기 시작했다.

로마의 주 진지를 지키는 1만 명의 트리아리

카르타고군 진영

아우피디우스강

아프리카 중장보병

2. 동맹군 기병들이 살기 위해 도망치기 시작하자 바로의 명령은 급속히 그 힘을 잃었다. 그들의 뒤를 누미디아 기병들이 집요하게 쫓았고 겨우 목숨을 건진 자들만이 평원으로 달아났다.

3. 심각한 부상을 당했음에도 파울루스는 전열의 한복판에서 분투를 독려하며 말을 몰았다. 그러나 로마군이 앞쪽으로 밀려가면서 그들의 돌출부는 더욱 깊어지고 보병대의 부피는 더욱 압축되었다. 전면에 위치한 군대의 전진 여세로 로마 군대의 대부분은 지나치게 밀집되어 있어서 병사들은 무기를 잡기 위해 팔을 들 수조차 없었다. 이와 같은 상황에서는 오히려 그들이 다수라는 사실이 약점으로 작용했다.

4. 최대 규모의 퇴각 시점이 지나갔다고 판단한 한니발은 재빨리 경보병대로 관심을 돌려 로마군의 공격에 대항할 수 있을 만큼 강고한 전선을 확보했다.

한니발
(보병 4만 명, 기병 1만 명)

## 칸나이 전투

BC 216년 8월 2일 : 제3단계

5. 이 지점에서 한니발은, 돌출부 깊숙한 지점의 각 측면에 위치하고 있던 아프리카 중장보병대를 로마군이 지나왔다는 것을 확신했다. 한니발은 이제 아프리카 중장보병대에게 안쪽으로 돌아서라고 신호했다. 그들은 창끝을 낮춘 채 두 개의 방진을 형성한 다음 방심한 로마 군단을 향해 돌격했다. 로마군은 이 새로운 위협에 제대로 대응하지 못했다. 이내 로마군의 전체 전선이 동요하며 진격을 망설이게 되었다.

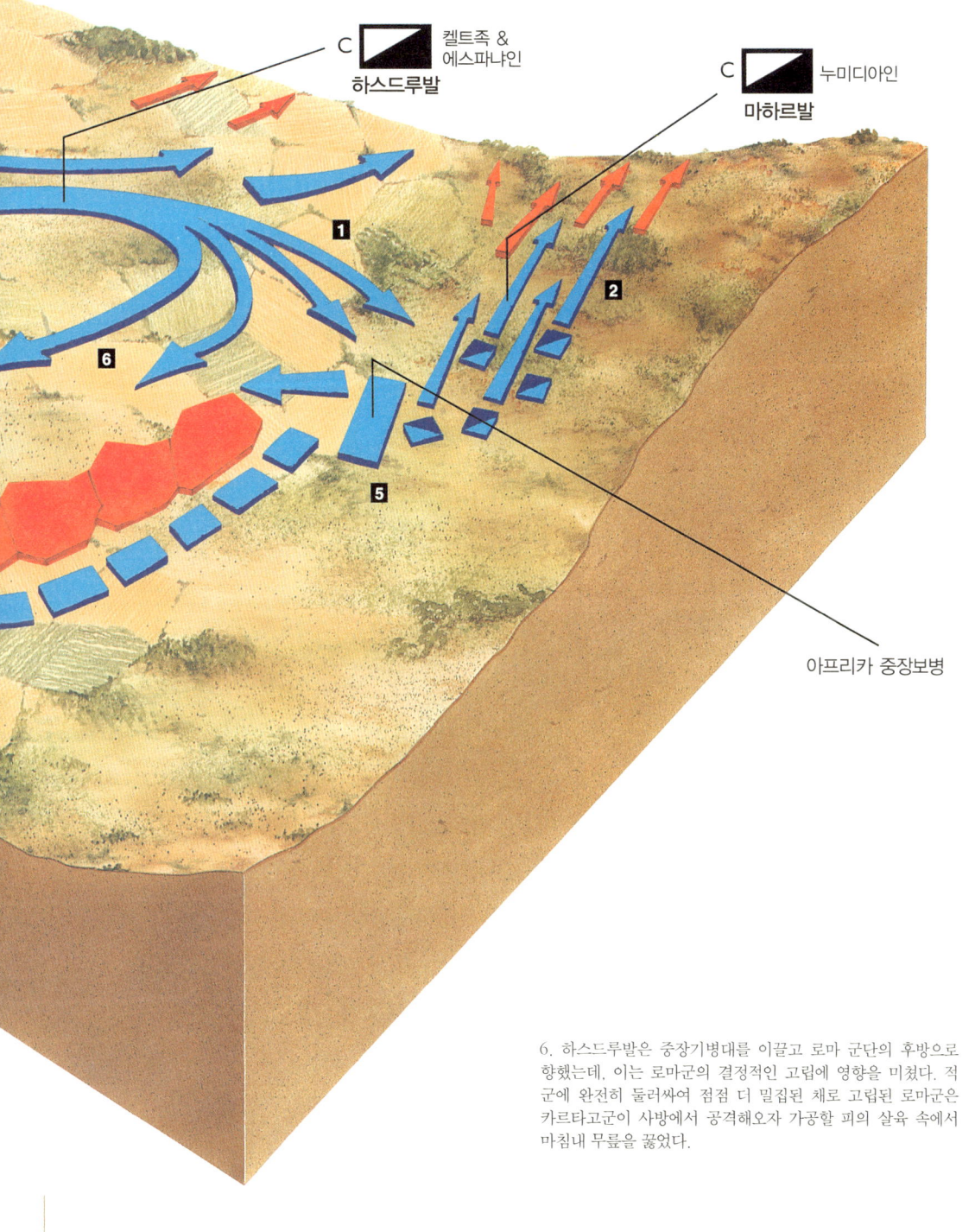

6. 하스드루발은 중장기병대를 이끌고 로마 군단의 후방으로 향했는데, 이는 로마군의 결정적인 고립에 영향을 미쳤다. 적군에 완전히 둘러싸여 점점 더 밀집된 채로 고립된 로마군은 카르타고군이 사방에서 공격해오자 가공할 피의 살육 속에서 마침내 무릎을 꿇었다.

게 비틀어 떼어냈다. 어지럽게 쏟아지는 투창의 빗줄기 속에서 에스파냐와 켈트의 보병대는 전우들의 시체를 밟으며 열의 간격을 좁히고 전의를 다졌다. 하스타티는 재빨리 검을 칼집에서 뽑아 들고 카르타고 전선을 향해 전속력으로 달려나갔다. 처음 맞부닥친 것은 볼록한 초승달의 정면에 있던 군단병들이었다. 왼쪽과 오른쪽으로 더 멀리 늘어서 있던 병사들은 자연스럽게 앞쪽으로 움직여 대형의 열을 맞추었다. 켈트족과 에스파냐인들이 로마군과 동맹군 보병대와 방패를 맞부딪침으로서 전투를 개시했다. 초승달 모양의 대열 전체를 따라 지독한 격전이 벌어졌다.

로마군의 진군 속도가 처음과 달리 느려지기 시작했다. 한니발이 예상한 그대로였다. 초승달 대형으로 인해 로마군은 켈트군과 에스파냐군을 뒤로 밀어내는 과정에서 점점 더 넓은 전선을 감당해야만 했다. 그러는 동안 그들은 지쳐갔다. 게다가 한니발은 서로 다른 국적의 전투 부대들을 교대로 투입함으로써 로마군들을 당황하게 만들었다. 켈트족은 '베는' 검을 사용한 반면 에스파냐인들은 '찌르는' 검을 사용했다. 물론 두 검 모두 베고 찌르는 것이 가능하긴 했지만, 로마 병사들은 전투 스타일이 다른 두 부류의 적군에 적응하느라 당황했다. 한니발과 그의 동생 마고는 단 1초라도 더 시간을 벌기 위해, 서서히 이지러지는 초승달 대형의 군사들 속으로 말을 몰고 들어가 그들을 격려하며 버틸 수 있을 만큼 최대한 버티라고 격려했다. 전투는 매우 격렬했다. 결국 켈트족과 에스파냐인들도 무지막지하게 돌진하는 대규모 로마 보병대에는 별수없이 밀려날 수밖에 없었다. 부상을 당한 아이밀리우스 파울루스는 휘하의 기병대가 패주하는 와중에서도 살아남아 다시 보병대의 중심으로 들어가 병사들의 사기를 북돋으며 승리를 다짐했다.

카르타고의 초승달 모양의 전선은 로마군의 밀집 대형에 밀려 차츰 그 모양이 변하기 시작했다. 처음에는 구부러져 직선이 되었고, 로마군의 압박이 점점 더 심해짐에 따라 나중에는 중앙이 밀려나면서 급격하게 오목

**〈위〉** 전투가 끝나고 많은 생존자들이 카누시움(현대의 카노사 디 푸글리아)으로 달아났다. 이 도시는 언덕 위에 위치했으며 평원으로 둘러싸여 방어에 매우 유리한 장소였다. 전투 당시에는 도시의 경계가 오늘날보다 더 정상 쪽으로 제한되어 있었다. 오판토(Ofanto, 고대의 아우피디우스)강의 해빙을 흘러보내기 위해 설치된 전경의 수로를 주목해볼 만하다. 이 강의 넘치는 수량은, 고대에서 현대에 이르기까지 평원을 가로지르는 오판토강의 경로가 빈번히 바뀌었던 이유를 설명해준다.

**〈왼쪽〉** 돌기둥의 잔해. 칸나이의 작은 언덕의 가장자리에 우뚝 서서 전장을 내려다보고 있다. 이것은 2천 년도 더 지나 솜 전투(Battle of Somme)의 첫날에 프랑스 북부에서 영국군이 경험했던 것만큼이나 끔찍했던, 먼 옛날의 살육 현장을 지켜본 조용한 증인이다.

한 모양으로 변했다. 하지만 이러한 상황 역시 한니발은 예상하고 있었다. 승리를 예감한 로마군 중앙의 군단들이 정면으로 쇄도하기 시작했다. 그러나 퇴각하고 무너져내리는 에스파냐군과 켈트군의 전선을 파괴하겠다는 욕심에 그들은 너무 깊숙이 들어갔다. 이제는 정반대로 뒤집힌 초승달 모양으로 변한 대형의 양끝에 아프리카 중장보병들이 대기하고 있다는 사실을 로마인들은 간과하고 있었다. 아프리카 중장보병들은 트라시메네 전투에서 죽은 로마의 프린키페스와 트리아리 병사들의 로리카이 갑옷을 벗겨 입고 있었다. 리비우스에 따르면, 그들은 아프리카군이라기보다는 로마군에 더 가깝게 보였다고 한다. 그들의 종대는 이제 안쪽으로 돌아섰고, 창을 낮춘 채 진격하는 로마 보병대의 양쪽 측면으로 방진을 형성했다. 양쪽의 방진은 즉시 그들의 전방에 있는 대규모 로마 보병대로 돌진했다. 양쪽에서 급습을 받은 로마군은 충격에 휩싸였다. 그제서야 전진을 멈춘 로마인들은 전혀 예상하지 못한 위협에 대처하기 위해 돌아서려 했으나 워낙 대열이 밀집해 있던 탓에 그렇게 하지 못했다. 그 망설임과 혼란의 순간에 한니발은 생존한 켈트족과 에스파냐 보병들을 수습하여 후방에 대기시켰던 경보병대와 함께 로마군의 최전선을 공격하도록 했다.

로마군 진형의 좌익에 위치한 바로의 동맹군 기병대는 전투가 시작되자마자 발이 묶인 상태였다. 그들은 전투가 시작되면서부터 '그들만의 독특한 방법'으로 공격을 하는 마하르발 휘하 누미디아인들의 지속적인 표적이 되었다. 이 아프리카 경기병대의 무리는 말을 타고 로마 동맹군 기병대를 향해 달려와 매번 다른 방향에서 투창 공격을 시도했다. 그리고는 다시 이동하며 그 과정을 반복했다. 이로 인해 동맹군 기병대에는 많은 사상자들이 발생했다. 동맹군 기병대가 무기력해졌음에도 불구하고 바로는 전선을 유지하는 데 성공하고 있었다.

그러나 이번에는 하스드루발의 중장기병대가 그들의 후방에서 나타났다. 결국 그들은 무너지고 말았다. 동맹군 기병대는 후방에서 하스드루발이 공격 태세를 갖추는 것을 보고는 혼비백산하여 달아나기 시작했다. 하스드루발은 뛰어난 기술과 판단력으로 부대를 이끌어 기병대 지휘관으로서의 진정한 면모를 보여주었다. 전투의 대혼란 속에서, 대기 중에 퍼진 강렬한 승리의 향기를 맡으며, 그는 켈트족과 에스파냐 기병대를 성공적으로 지휘했다. 그는 누미디아 기병대를 마하르발에 맡기며 패주하는 동맹군 기병대를 추격하라고 지시했다. 결국 동맹군 기병대 대부분은 살해당하거나 말에서 끌어내려졌다. 하스드루발은 그 와중에 자신의 중장기병대를 이끌고 전장으로 돌아와 어느새 심하게 압축된 로마군의 후방을 맹공했다.

양쪽으로 아프리카 방진에 붙잡히고 앞뒤로 맹렬한 공격을 받는 상태에 놓인 로마군은 한니발의 함정으로부터 벗어날 길을 찾기 위해 필사적이었다. 그러나 모두가 부질없는 일이었다. 그들의 전열은 너무나 압축되어 있기 때문에 병사들 대다수가 검도 제대로 뽑아보지 못한 채 돌진해오는 적군의 손에 살해당하고 말았다. 죽은 자들과 죽어가는 자들을 짓밟으며 카르타고군은 급감하고 있는 로마군의 둘레에 빈틈없는 포위망을 쳤다. 폴리비우스는 "바깥쪽의 병사들이 계속 쓰러지자 생존자들은 점점 더 뒤로 물러날 수밖에 없었고, 떼지어 모인 그들은 결국 그들이 서 있던 자리에서 모두 살해당했다"고 전하며 이 전투에 대한 기록을 끝내고 있다.

살육이 모두 끝나자 한니발은 자신이 로마를 상대로 엄청난 승리를 거두었음을 확인했다. 이날의 실제 사상자 규모에 대해서는 이견이 있다. 그리고 이 부분에 관한 한 폴리비우스의 주장은 리비우스의 주장보다 신뢰도가 떨어진다. 리비우스는 로마군 전사자가 보병 4만 7,000명과 기병 2,700명에 달했다고 기록하고 있다. 여기에 덧붙여 카르타고군은 1만 9,300명의 로마인을 포로로 잡았다고 한다. 전장에서 사망한 군사들 중에는 파울루스, 게미누스, 미누키우스, 집정관 휘하의 콰이스토르(quaestors, 회계감시관)들, 29명의 고위 참모 장교들, 그리고 80명 이상의 의원급들이 포함되어 있다. 리비우스에 따르면, 이 위대한 승리를 거두는 데 필요했던 한니발 측의 희생은 고작 8,000명이었다고 한다.

| 전쟁의 영향 |

칸나이의 참패 소식은 로마를 송두리째 뒤흔들었다. 그럼에도 불구하고 로마 원로원은 사회적인 질서를 강조하며 도시 내에서의 집단적인 애도나 비통함의 표명을 금하기 위해 빠르게 움직였다. 또한 이번 참패를 '신이 분노한 탓'이라고 받아들이며 켈트족 남자와 여자, 그리스인 남자와 여자를 각각 한 명씩 가축시장에 산 채로 매장하여 신의 마음을 달래고자 했다.

특히 칸나이 전투의 정치적인 영향이 빠르게 드러나면서 다시 새로운 군대의 필요성이 즉각적인 관심사로 대두되었다. 한니발은, 이제 로마가 최후까지 싸우려 들 것임을 믿어 의심치 않았다. 한니발은 로마에 평화사절단을 보냈다. 이에 로마에서 새롭게 지명된 독재관의 '릭토르(lictor, 호위 무관)'는, 바로 60년 전에 로마가 피루스(Pyrrhus)에게 했던 말과 똑같은 말을 했다. 릭토르는 카르타고의 사신에게 이렇게 말했다고 한다.

"로마는 이탈리아 땅에서 외국의 적과 평화의 조건을 논하지 않을 것이다."

한니발은 칸나이에서 사로잡은 로마인 포로들을 몸값만 받고 풀어주겠노라 제의하기도 했지만 원로원은 이를 일언지하에 거절했다. 전례없는 조치들이 새로운 군대를 모집하는 데 도입되었다. 새로운 2개 군단이 긴급 징집을 통해 모집되었고, 다른 2개 군단은 돈을 주고 산 노예들로 구성되었다. 또한 6,000명의 채무자와 범죄자들이 감옥에서 석방되는 대신 군복무를 하게 되었다. 그리고 칸나이에서 패주하여 카누시움으로 퇴각했던 2개 군단 상당의 병사들이 돌아왔다. 이들은 일찍이 북부 캄파니아를 지키기 위해 파견되어 있던 로마 해군에 합류했다. 이들은 한니발이 직접 로마를 공격하러 오는 경우에 대비한 방어 부대였다. 실제로 칸나이 전투 이후로 로마인들 사이에서는 언젠가 "Hannibal ad portas!('한니발이 문 밖에 와 있다'라는 뜻의 라틴 속담)"라는 외침이 들려오는 것도 시간문제일 것이라는 무언의 공감대가 생겼다. 그런데 어째서 그는 오지 않았던 것일까?

전투가 끝난 어느 날, 마하르발은 한니발에게 로마로 진격하는 것을

## BC 216년 칸나이 전투 이후 한니발 진영으로 합류한 지역

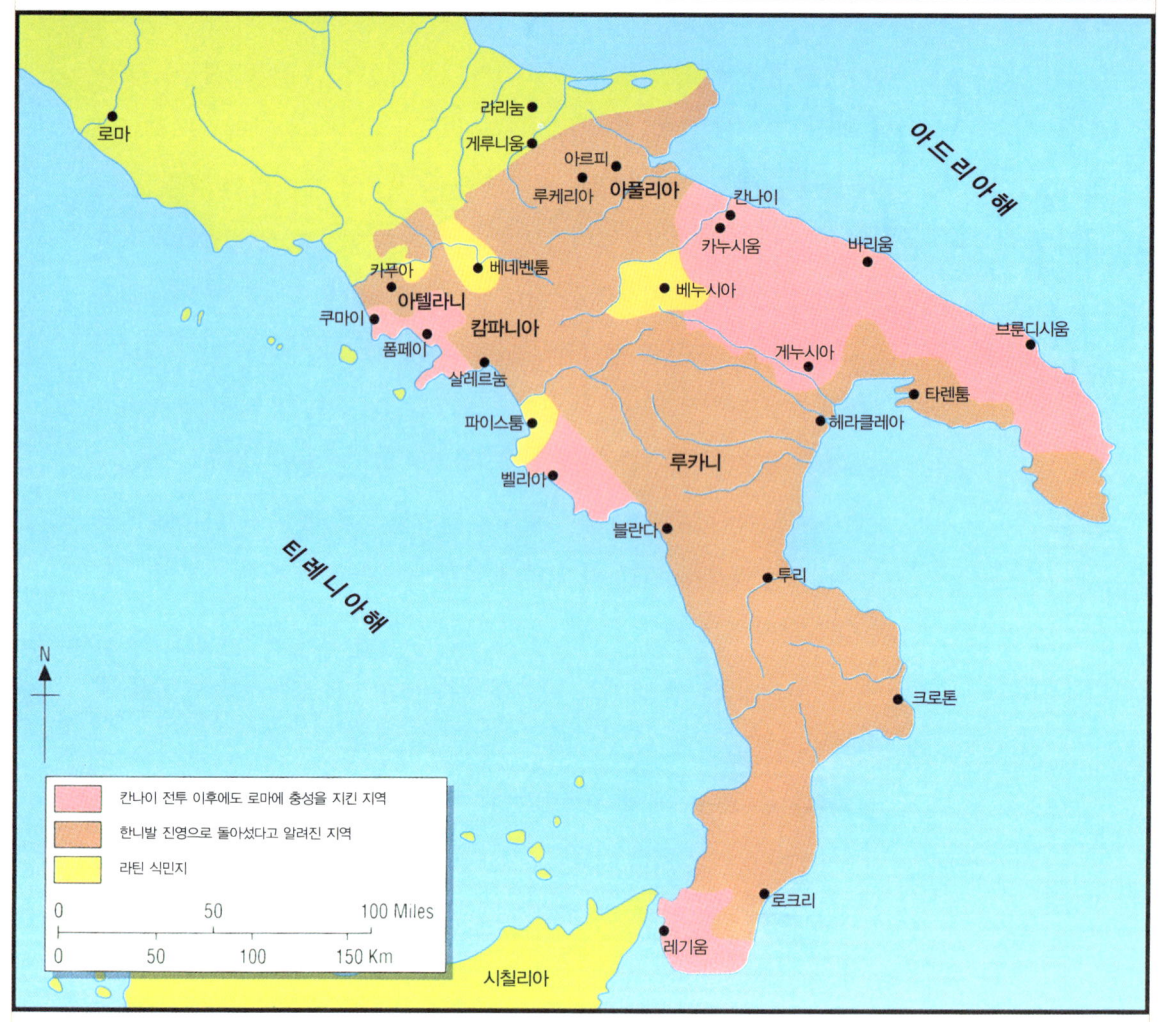

트레비아와 트라시메네 전투의 엄청난 결과, 한니발의 동맹국 포로 석방 방침, 그리고 한니발이 기회가 있을 때마다 자신의 상대는 로마일 뿐이라고 선언해왔음에도 불구하고 칸나이 전투가 발발할 때까지 단 하나의 동맹국도 로마연합에서 이탈하지 않았다. 또한 칸나이 전투 이후에도 라틴 국가들은 단 한 차례도 로마를 배신하지 않았고, 이러한 분위기는 북부 및 중부 이탈리아에서도 마찬가지였다. 그러나 남쪽에서는 상황이 좀 달랐다. 리비우스는 당시 상황을 다음과 같이 전하고 있다. "칸나이 전투가 그 이전의 다른 전투들에 비해 얼마나 의미심장한 것이었는지는 로마 동맹국들의 행동을 통해서도 알 수 있다. 그 치명적인 날이 있기 전까지 그들의 충성심은 결코 흔들리지 않았다. 그러나 이제 로마의 힘에 실망했다는 단순한 이유로 그들은 동요하기 시작했다. 다음의 민족들은 카르타고 진영으로 전향했다. 아텔라니(Atellani), 칼라티니(Calatini), 히르피니(Hirpini), 일부 아풀리안(Apulians), 그리고 펜트리(Pentri)를 제외한 모든 삼니테스와 브루티(Brutti), 루카니안(Lucananians), 우젠티니(Uzentini), 또 전부에 가까운 해안의 그리스 식민지들, 즉 타렌툼, 메사폰툼, 크로톤, 로크리, 마지막으로 알프스 남쪽의 모든 갈리아."

허락해달라고 요청했다. 한니발이 난색을 표하자 마하르발은 돌아서며 다음과 같이 말했다고 한다. "실로 신은 한 사람에게 모든 것을 다 주지는 않는군요. 한니발이여, 당신은 정복할 줄은 알지만 그 승리를 어떻게 사용해야 하는지는 모르는 사람입니다." 리비우스의 시각도 마하르발과 같다. 그는 한니발의 결정이 "제국을 살렸다"고 말하고 있다. 이는 또한 오늘날에 이르기까지 역사학자들 대부분의 공통된 생각이기도 하다. 하지만 조금만 더 깊이 생각해보면 로마가 정복당할 가능성은 거의 없었다고 볼 수도 있다. 한니발은 이베리아 반도에서도 사군툼 하나를 함락하기 위해 무려 8개월이나 소모했었다. 당시 로마의 방어력은 예전과는 질적으로 다른 엄청난 규모를 자랑하고 있었다. 한니발이 이를 알지 못했을 리 없다. 또한 장기간의 포위공격은 한니발의 군사전략과도 정면으로 배치되는 경우였을 것임에 틀림없다. 그는 기동전을 통해서만 자신의 탁월한 지휘기술과 자기 군대의 전문적 우월성을 발휘할 수 있는 인물이었기 때문이다.

또한 그는 칸나이 전투의 결과에도 불구하고 로마의 군사적 저력은 여전히 상당하다는 사실을 잘 알고 있었다. 실제로 라틴연합에서 최초의 변절국가가 나타난 것은 BC 218년 이후 로마군 및 동맹군 병사 10만 명 이상이 전사하고 난 다음의 일이었다. 한니발에게 정말 필요했던 것은 칸나이 전투와 비슷한 성격의 또다른 전투였다. 그러나 불행하게도, 로마 원로원은 그러한 실수를 두 번 다시 반복할 생각이 없었다. 어쨌든 칸나이 전투가 로마에 끼친 가장 결정적인 영향은, '파비우스식 전략'이 비로소 그 정당성을 입증했다는 점에 있었다. 이로써 아이밀리-스키피오 파벌과 그 지지자들은 원로원 내에서 입지가 좁아지게 되었으며, BC 216~203년에 로마는 한니발과의 격전을 자제했다.

역설적이게도, 칸나이에서의 성공 자체가 한니발의 장기적이고 점진적인 파멸에 원인을 제공했다. 로마를 배신한 도시들에 군사를 주둔시킴으로써 한니발의 군대는 분산되었고, 노병(老兵)들로 인한 자연적인 병력

...NVLLA ALIA GENS TANTA M...
CLADIS NON OBRVTA ESSET
LIVIO XXII, 5

칸나이 BC 216

손실도 계속되었다. 그럼에도 불구하고 BC 215년의 카르타고 원로원은 에스파냐로만 약간의 지원군을 보내주었다. 그들은 한니발의 이탈리아 원정을 돕기보다는 에스파냐에서 약화된 자신들의 입지를 지키는 데만 혈안이 되어 있었다.

BC 216년, 한니발 군대의 활약상은 절정에 달했다. 칸나이 전투는 한니발의 탁월한 능력을 보여주는 가장 확실한 물증이었다. 또한 칸나이 전투는 로마를 정복하려는 카르타고의 시도가 그 정점을 기록한 사건이기도 했다. 한니발의 폭풍은 이제 지나갔다.

**〈왼쪽 위〉** 한니발 전쟁 초기부터 칸나이 전투에 이르기까지 로마군 내에서 발생한 엄청난 전사자들을 기리는 리비우스의 글귀이다. 전쟁터를 내려다보는 곳에 위치한 기둥의 반석에는 라틴어로 다음과 같이 새겨져 있다. "세계의 다른 어떤 국가도, 이토록 끔찍한 재앙의 연속으로 고통받으면서도 굴복하지 않은 나라는 없었다." (The War Against Hannibal, Ch XXII. 54:10)
**〈왼쪽 아래〉** BC 814년, 페니키아인들은 처음 티레(Tyre)에 정착하며 이곳을 '새로운 도시'라는 뜻의 '카르트 하다시트(Kart-Hadasht)'라 불렀다. 이는 라틴어로 '카르타고'를 의미한다. 오늘날 카르타고에서 볼 수 있는 이런 유적들은 로마 시대와 그 이후의 것이다.

| 연표 |

| | |
|---|---|
| BC 241년 | 제1차 포에니 전쟁의 종식. |
| BC 237년 | 하밀카르 바르카가 반도에 새로운 제국을 건설하기 위해 군대를 이끌고 스페인에 상륙하다. |
| BC 229년 | 하밀카르가 전사함. 사위 하스드루발이 뒤를 이음. |
| BC 226년 | 하스드루발이 스페인의 에브로강으로 나아가지 못하도록 로마가 조약체결을 강요하다. |
| BC 221년 | 하스드루발이 암살당함. 하밀카르의 아들 한니발이 카르타고 군대의 새로운 지휘관으로 선포되다. |
| BC 219년 | 사군툼 포위공격. 도시는 가을에 함락되다. 한니발은 이탈리아 침공을 준비하기 시작한다. |
| BC 218년 | 푸블리우스 코르넬리우스 스키피오와 티베리우스 셈프로니우스 롱구스가 그 해의 집정관으로 선출됨. |
| 5/6월 | 로마의 카르타고에 대한 선전포고. |
| 6월 초 | 한니발의 군대가 뉴카르타고를 떠나다. |
| 9월 중순/말 | 한니발의 군대가 론강을 건너다. 스키피오가 강어귀에 상륙하다. 한니발을 놓친 그는 군대를 에스파냐로 보내고 자신은 이탈리아로 돌아온다. 원로원이 롱구스를 릴리바이움으로부터 불러들이다. |
| 10월 중순 | 한니발이 알프스 산맥을 오르기 시작하다. |
| 11월 8일경 | 한니발과 보병 2만 명, 기병 6,000명이 이탈리아 북부의 평원으로 내려오다. 알프스를 넘는 데 15일이 소요되다. |
| 12월 중순/말 | 롱구스가 플라켄티아 부근에서 스키피오와 합류하다. |
| 12월 말 | 트레비아 전투. |
| BC 217년 | 가이우스 플라미니우스와 코르넬리우스 세르빌리우스 게미누스가 그 해의 집정관으로 선출되다. |
| 6월 | 한니발이 아펜니네스 산맥을 가로질러 에테리크로 이동하다. |
| 6월 21일 | 트라시메네 호수 전투. 며칠 후 마하르발이 4,000명의 로마 기병대를 물리치다. |
| 7월 이후 | 퀸투스 파비우스 막시무스가 독재관으로 선출되어 '지연 전략'을 도입한다. 한니발은 캄파니아로 이동하여 로마령을 유린하다. 그는 파비우스의 포위망에서 벗어나 겨울을 나기 위해 아풀리아의 게루니움으로 후퇴한다. |
| BC 216년 | 가이우스 타렌티우스 바로와 루키우스 아이밀리우스 파울루스가 그 |

| | |
|---|---|
| | 해의 집정관으로 선출되다. 원로원은 한니발과 결전으로 맞서기로 결정을 내린다. |
| 봄 | 한니발이 게루니움을 떠나 아풀리아를 향해 남쪽으로 행군하다. 칸나이에서 로마군의 곡식 창고를 점령하다. |
| 7월 말 | 집정관들이 로마를 떠나 전 집정관 게미누스와 레굴루스의 군대와 합류하다. 군대가 한니발 진영 근처에 도착하다. |
| 8월 2일 | 칸나이 전투. 한니발이 로마군을 쳐부수다. |
| 나머지 달 | 이탈리아 남부의 로마 동맹국들 중 일부가 변절하다. 로마 원로원은 새로운 독재관을 임명하다. 한니발에 대한 공격적인 전략을 포기하다. 파비우스식 전략이 다시 채택되다. 로마군은 더 이상 이탈리아에서 한니발과 그 어떤 전투도 하지 않는다. |
| BC 216~207년 | 한니발과 로마군이 이탈리아 남부에서 군사작전을 수행하지만, 이탈리아에서 한니발에 대항하는 대규모 전투는 두 번 다시 발생하지 않는다. 한니발의 군대는 이렇다 할 지원을 받지 못하여 점차 약화된다. 그리하여 장기적 차원에서 한니발은 칸나이 승리의 열매를 지키지 못하게 된다. |
| BC 207년 | 메타우루스 전투에서 로마군에 의해 한니발의 동생 하스드루발이 살해당하고 그의 군대가 궤멸당했다. 당시에 하스드루발은 에스파냐로부터 한니발 부대로 병력과 식량을 공급하려던 차였다. 그 이후 한니발은 점점 더 소외되고, 그러던 중 진짜 전쟁이 에스파냐에서 일어난다. 코르넬리우스 스키피오(2세) 휘하의 로마군은 에스파냐에서 카르타고의 입지를 무너뜨리는 데 성공한다. |
| BC 206년 | 스키피오가 에스파냐에서 대대적인 승리를 거두다. |
| BC 204년 | 로마군이 북아프리카에 상륙하다. |
| BC 203년 | 카르타고 원로원이 한니발과 그의 군대를 불러들이다. |
| BC 202년 | 자마 전투에서 스키피오(2세)는 한니발에 승리한다. 한니발의 조언에 따라 원로원은 로마와의 평화조약을 수락한다. 16년 만에 제2차 포에니 전쟁은 로마의 승리로 끝난다. |

| 전장의 현재 모습 |

여행객들이 전장을 찾아가기에 가장 편리한 방법은 칸네 델라 바타글리아(Canne della Battaglia)에 분명하게 표시된 '아레아 디 세르비지오'라는 표지판에서 '스트라다 스트라탈레(Strada Stratale)16'의 옆길로 빠지는 것이다. 표지판을 따라가면 칸나이의 몰락한 성채 도시가 있던 낮은 언덕 기슭을 따라 이어진 길이 나타난다.

이 지역의 개발 가능성에 눈을 뜬 이탈리아 관광청은, 최근 새롭고 훨씬 더 개선된 형태의 박물관을 성채가 있던 언덕 아래에 개관했다. 조금만 더 걸어나가면 이 장소의 입구와 촌락으로 통하는 큰길에 이르게 된다. 유적들 사이를 지나다 보면 귀뚜라미 소리와 수많은 도마뱀들을 만나게 되는데, 이놈들은 여행객들의 앞길을 쏜살같이 가로지르곤 한다. 대부분의 유적들은 칸나이 전투 이후의 것들이다. 이곳을 지나면 곧장 평원이 내려다보이는 언덕배기에 도착하게 되는데, 본문에서 소개한 기둥이 분명하게 보인다. 그곳이 전투가 있었던 평원을 가장 잘 내려다볼 수 있는 장소이다.

오늘날에는 철로와 배수로로 양분되었지만 오판토(고대의 명칭은 아우피디우스) 평원은 고대와 마찬가지로 농지로 사용되고 있다. 평원 전체에는 올리브와 과일나무들이 심어져 있으며, 한쪽에는 마치 전투가 벌어졌던 당시처럼 너른 벌판이 있어 밀과 곡식이 자란다. 이 장소에 서면 전장 전체를 다 굽어볼 수가 있다. 본문에서 설명한 것처럼 당시의 강은 분명 평원의 반대편에 있는 급경사면에 훨씬 더 가깝게 흘렀을 것이다. 이 경사면의 위에서 작은 도시인 산 페르디난도 디 푸글리아를 볼 수 있다. 이곳이 바로 한니발의 진지가 있었던 곳으로 추측되는 장소이다. 오른쪽으로는 바로와 파울루스가 그들의 거대한 8개 군단을 이끌고 들어온 포기아 평원이 선명하게 보인다. 본문에 삽입된 조감도와 평원의 파노라마 사진들을 통해 독자들은 쉽게 로마의 진영들과 전선의 추정 위치를 가늠해볼 수 있을 것이다.

이 지역에서는 7월 말과 8월 초가 관광하기에 가장 적합한 시기로 알

전장의 서쪽 너머를 바라본 모습

려져 있다. 아풀리아의 여름의 건조한 열기를 경험하고 볼투르누스의 따뜻한 숨결을 두 뺨에 느끼는 동안, 과연 어떠한 환경에서 카르타고군과 로마군이 아래의 평원에서 싸웠는지를 실감할 수 있을 것이다. 전투지를 양분하는 길들 중 하나를 택해 평원을 가로지르는 코스도 가능하다. 비록 그곳이 격전지였음을 말해줄 만한 것은 아무것도 남아 있지 않지만 말이다.

길은 산 페르디난도 디 푸글리아로 이어지는데, 한니발이 전투를 위해 평원으로 이동할 당시의 행로와 매우 비슷하다. 산 페르디난도에서 조금만 차를 타고 나아가면 많은 로마군 생존자들이 전투 후에 피신한 카노사 디 푸글리아에 이르게 된다. 도시에는 작은 박물관이 있으나 전투 당시의 것으로 추정되는 유물들은 없다. 격전장인 칸나이와 그와 관련된 다른 장소들을 모두 둘러보는 데에만 하루종일이 걸린다. 그러나 역사는 즐거움

전장의 동쪽 너머를 바라본 모습

과 결합될 수 있다. 나무 그늘에서 신선하고 맛있는 이탈리아 빵과 치즈, 그 지방의 포도주 한 병과 함께하는 정오의 휴식도 역사상 가장 유명했던 격전지를 여행하는 한 방법이 될 수 있을 것이다.

## | 참고 문헌 |

Beer, Sir Garvin de, *Hannibal's March*. Sidgwick & Jackson, 1967

_____ , *Hannibal*. Thames & Hudson, 1969

Bishop, M. C. and J. C. N. Coulston, *Roman Military Equipment*. Batsford 1993

Brunt, P. A., *Italian Manpower 225 B.C.-A.D. 14*. Oxford University Press, 1971

Astin, A. E., *Cambridge Ancient History*, Vol VIII. Cambridge University Press, 1989

Connolly, Peter, *Greece and Rome at War*. MacDonald & Co., 1981

Cottrell, Leonard, *Hannibal, Enemy of Rome*. Da Capo, 1992

Gabba, E., *Republican Rome, the Army and its Allies*. Blackwell, 1976

Head, Duncan, *Armies of the Macedonian and Punic Wars*. Wargames Research Group, 1982

Keppie, Lawrence, *The Making of the Roman Army*. Batsford, 1984

Lazenby, J. F., *Hannibal's War*. Aris & Phillips, 1978

Livy, translated by A. de Sélincourt, *The war with Hannibal*. Penguin Classics, 1965

Wallbank, F. W., *A Historical Commentary on Polybius*. Oxford University Press, 1957, 1967, 1979

Polybius, translated by I. Scott-Kilvert, *The Rise of the Roman Empire*. Penguin Classics, 1979

| 출간된 세계의 전쟁 시리즈 책 소개 |

세계의 전쟁 ❶
## 인천 1950
**한국전쟁의 전세를 뒤바꾼 20세기 마지막 대규모 상륙작전**
고든 L. 리트먼 지음 | 피터 데니스 그림 | 김홍래 옮김 | 한국국방안보포럼 감수 | 값 13,000원

인천상륙작전은 한국전쟁의 전세를 뒤바꾼 의미심장한 작전이다. 성공 확률 5,000분의 1. 인천상륙작전은 모든 사람들이 무모하다고 생각했기 때문에, 오히려 그 기습 효과가 컸다. 이 책은 인천상륙작전의 배경과, 많은 사단들이 전쟁 준비조차 되어 있지 않은 상태에서 상륙전 훈련에 필요한 시간이 부족했는데도 불구하고 어떻게 인천상륙작전을 승리로 이끌 수 있었는지, 그리고 작전 성공 후 서울을 수복하기까지의 과정을 자세하게 다루고 있다. 유엔군과 인민군 양측 군대와 지휘관, 그리고 작전계획을 비교 설명하고, 인천상륙작전을 성공시킨 전략과 전술, 그리고 당시 전투 상황을 기록 사진과 전략상황도, 3차원 입체지도와 함께 생생하게 전하고 있다.

세계의 전쟁 ❷
## 노르망디 1944
**제2차 세계대전을 승리로 이끈 사상 최대의 연합군 상륙작전**
스티븐 배시 지음 | 김홍래 옮김 | 한국국방안보포럼 감수 | 값 13,000원

1944년 6월 6일 역사상 가장 규모가 큰 상륙작전이 북프랑스 노르망디 해안에서 펼쳐졌다. 제2차 세계대전 초기에 패배를 거듭하던 연합군은 모든 전선에서 유리한 입장에 서게 되자, 유럽 본토로 진격하기 위해 1944년 6월 6일 미국의 드와이트 D. 아이젠하워 장군의 총지휘 하에 육·해·공군 합동으로 북프랑스 노르망디 해안에 상륙작전을 감행한다. 이 작전으로 전쟁 초기 서부전선에서 패하여 유럽 대륙에서 퇴각한 연합군이 프랑스 파리를 해방시키고 독일로 진격하기 위한 발판을 마련하게 된다.
이 책은 치밀한 계획에 따라 준비하고 수행한 노르망디 상륙작전의 배경과, 연합군과 독일군의 지휘관과 군대, 그리고 양측의 작전계획 등을 비교 설명하고, D-데이에 격렬하게 진행된 상륙작전 상황, 그리고 캉을 점령하기 위한 연합군의 분투와 여러 작전을 통해 독일군을 격파하면서 센 강에 도달하여, 결국에는 독일로부터 항복을 받아내는 극적인 장면들을 하나도 놓치지 않고 자세하게 다루고 있다.

세계의 전쟁 ❸
# 프랑스 1940
**제2차 세계대전 최초의 대규모 전격전**
알란 셰퍼드 지음 | 김홍래 옮김 | 한국국방안보포럼 감수 | 값 13,000원

1940년, 독일의 승리는 세계를 놀라게 했다. 유럽의 강대국이자 세계에서 가장 거대한 군대를 보유하고 있던 프랑스는 불과 7주 만에 독일군에게 붕괴되었다. 독일군이 승리할 수 있었던 비결은 무기와 전술을 세심하게 개혁하여 '전격전'이라는 전술을 편 데 있었다. 신속하게 기동하는 기갑사단들은 장갑화된 차량에 탑승한 보병들의 지원을 받아 적의 저항선을 휩쓸었고 통상적인 수평 폭격기와 무시무시한 슈투카 급강하 폭격기들이 그들을 도왔다.

이 책은 제2차 세계대전 기간 중 프랑스 전투에서 독일이 승리할 수 있는 원동력이 된 서부전선 전격전을 상세하게 다루고 있다. 프랑스 전투의 배경과 연합군과 독일군의 부대, 지휘관, 전술과 조직, 그리고 장비를 살펴보고, 프랑스 전투의 중요한 순간순간을 일종의 일일전투상황보고서식으로 자세하게 다루고 있다. 당시 상황을 생생하게 보여주는 기록 사진과 전략상황도 및 입체지도를 함께 실어 이해를 돕고 있다.

**지은이** 마크 힐리(Mark Healy)
1953년생으로 영국 브리스톨 대학에서 정치신학 석사학위를 받았다. 현재 교사로 재직하고 있으며, 서머싯에 있는 학교에서 인문학부 부장을 맡고 있다. 그는 엘리트(Elite) 시리즈 40 『새로운 왕국, 이집트(New Kingdom Egypt)』와 캠페인(Campaign) 시리즈 16 『쿠르스크(Kursk) 1943』을 포함해 오스프리(Osprey) 출판사의 많은 책들을 저술했다. 고대사와 현대사에 상당한 관심을 가지고 있다.

**옮긴이** 정은비
한국외국어대학교 불어과를 졸업하고 파리 소르본 대학에서 수학했다. 다양한 단체에서 한국문화를 불어권에 소개하는 책자 제작 작업에 참여한 경력이 있으며, 방송 프로그램의 영상번역가로도 일했다. 현재 인트랜스 번역원 소속 프리랜서 번역가로 활동 중이다.
옮긴 책으로 『방사능은 정말로 위험할까?』, 『새는 왜 날개를 갖고 있을까?』, 『숫자란 무엇일까?』가 있다.

**감수자** 허남성
육사(26기)와 서울대 사회학과를 졸업하고 미국 오하이오주립대에서 역사학 석사·박사(전쟁사 전공) 학위를 받았다. 현재 국방대학교 군사전략학부 교수로 재직 중이다. 육사 교수와 대통령 비서실 국제안보 담당관·대통령 경호실장 보좌관을 지냈으며, 국방대 교수부장과 안보문제연구소장을 역임했다. 국무총리실, 국방부, 통일부, 육군본부 등 여러 기관의 자문위원과 KBS 객원해설위원 등으로 활동해왔다. 『세계전쟁사』(공저) 등을 비롯한 7권의 저서와 번역서가 있으며, 안보·군사·전쟁사 분야에 관한 40여 편의 논문과 30여 편의 정책연구보고서가 있다.

세계의 전쟁 ❹

# 칸나이 BC 216
카르타고의 명장 한니발, 로마군을 격멸하다

초판 1쇄 인쇄 2006년 12월 26일
초판 1쇄 발행 2007년 1월 3일

지은이 | 마크 힐리
옮긴이 | 정은비
펴낸이 | 김세영
펴낸곳 | 도서출판 플래닛미디어

주소 | 121-839 서울 마포구 서교동 381-38 3층
전화 | 3143-3366
팩스 | 3143-7996
등록 | 2005년 9월 12일 제 313-2005-000197호
이메일 | webmaster@planetmedia.co.kr

ISBN 89-92326-07-6 04390
ISBN 89-92326-00-9 (세트)